校企合作美容美发专业教材

互联网+职教改革新理念教材

化妆品营销实务

武文超　王秋雪　主编

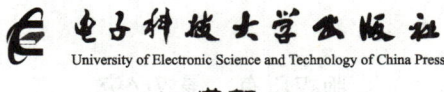

电子科技大学出版社

University of Electronic Science and Technology of China Press

·成都·

图书在版编目（CIP）数据

化妆品营销实务 / 武文超，王秋雪主编. — 成都：
电子科技大学出版社，2020.12（2023.2 重印）
ISBN 978-7-5647-8551-2

Ⅰ．①化… Ⅱ．①武… ②王… Ⅲ．①化妆品－市场
营销学－中等专业学校－教材 Ⅳ．①F767.9

中国版本图书馆 CIP 数据核字（2020）第 231148 号

内 容 提 要

本书针对技能型人才培养的特点和要求，以化妆品销售工作为导向，结合化妆品营销技术和理论编写而成。本书共有八个项目，分别为化妆品营销概述、化妆品的基本常识、了解顾客、预约与接待顾客、介绍产品、消除顾客异议、产品促销、网络营销与售后服务。

本书可作为职业院校美发与形象设计、美容美体等专业的教学用书，也可作为化妆品销售岗位的培训用书，还可供从事化妆品销售的人员学习参考。

化妆品营销实务
HUAZHUANGPIN YINGXIAO SHIWU

武文超　王秋雪　主编

策划编辑　陈松明　万晓桐
责任编辑　万晓桐

出版发行　电子科技大学出版社
　　　　　成都市一环路东一段 159 号电子信息产业大厦九楼　邮编 610051
主　　页　www.uestcp.com.cn
服务电话　028-83203399
邮购电话　028-83201495

印　　刷　北京京华铭诚工贸有限公司
成品尺寸　210 mm×285 mm
印　　张　13.5
字　　数　408 千字
版　　次　2020 年 12 月第 1 版
印　　次　2023 年 2 月第 2 次印刷
书　　号　ISBN 978-7-5647-8551-2
定　　价　45.00 元

PREFACE
前　言

随着社会经济的快速发展，人们对自身形象的重视程度不断提高，各式各样的化妆品层出不穷，使得顾客在购买化妆品时容易眼花缭乱，往往需要不断试错才能买到适合自己的化妆品，这时就体现出了化妆品推销员的重要性。化妆品推销员可凭借对化妆品、顾客的了解及高超的销售技巧，为顾客推荐合适的化妆品。为了培养这种既具备专业知识，又具备娴熟的销售方法与技巧的专业销售人员，我们精心编写了本书。

本书主要有以下几个特色。

1. 校企合作，注重实用

在编写本书的过程中，编者积极与资深化妆品销售培训师、化妆品高级销售总监等具备多年从业经验的人员沟通，将化妆品营销的理论知识与实践经验相结合，注重销售方法与技巧的培养，为学生从事化妆品销售工作打下基础。

2. 任务驱动，理实一体

为强化理实一体，突出"做中学、做中教"的职教特色，本书采用项目任务式体例编写。每个项目包含若干个任务，每个任务按照"任务目标"→"任务导入"→"知识准备"→"任务实施"的形式展开，并在所有任务讲解完成后，设置有"项目学习效果综合测评"环节。

（1）任务目标：明确任务的知识目标与素质目标，让学生能够有目的地去学习。

（2）任务引入：设置了新鲜、有趣、热门、典型的故事内容，能够激发学生的学习兴趣，并通过提问引起学生的思考，使学生带着问题有针对性地去学习。

（3）知识准备：以"必需、够用"为原则进行讲解，力求通俗易懂。

（4）任务实施：对理论性较强的任务设置了知识竞赛、化妆品大转盘等活动，考查学生对知识点的掌握程度；对实践性比较强的任务设置了情景模拟演练，让学生在模拟情境中锻炼相关技能。

3. 模块丰富，助力学习

本书在讲解过程中，穿插了"推销员的私房话""化妆品的那点事儿""拓展阅读""品牌故事""案例分享"等精彩模块，展现了相关知识在实际生活中的成功运用，使学生能轻松掌握化妆品销售的技巧精髓。同时，本书在重点知识内容后设置了"随学随练""随堂讨论"等模块，老师可在课堂上引导学生进行练习、展开讨论，使学生更快、更好地掌握化妆品销售技能。

4. 微课辅助，宜教易学

传统教学方式为教师示范、学生模仿练习，课堂学习时间非常有限，为了弥补这一缺陷，编者制作了微课视频。学生扫描二维码即可观看相关视频，全方位学习化妆品营销知识在化妆品销售过程中的应用实践。

本书由武文超、王秋雪担任主编，曾丽娜、鲍炜磊担任副主编。

在编写过程中，编者参阅了大量同行专家的有关著作，并从网络中获取了部分最新资料和精美图片，在此向这些材料的作者表示衷心的感谢！

由于编者精力和水平有限，本书难免有欠缺和不妥之处，敬请广大读者批评指正。另外，本书配有丰富的教学资源包，读者可以登录文旌综合教育平台"文旌课堂"（www.wenjingketang.com）下载。

Contents 目录

项目一

化妆品营销概述

随着化妆品行业的高速发展，化妆品行业内的竞争愈发激烈，对化妆品营销人员的要求也越来越高。为了能够更好地服务消费者，化妆品从业人员需要系统地掌握化妆品营销理念，具备基本职业素养，了解化妆品行业的发展趋势。

任务一

认识化妆品营销

任务目标

知识目标

① 掌握化妆品营销的含义。
② 了解化妆品营销的观念和策略。
③ 了解化妆品市场的发展趋势。

素质目标

① 对化妆品营销有一个整体的认识。
② 具备一定的团队合作意识。

任务引入——SK-Ⅱ"标错价"

SK-Ⅱ天猫官方旗舰店曾策划过一场成功的BUG营销，利用消费者"薅羊毛"的心理，实现了SK-Ⅱ护肤精华露的"病毒"式营销。

2019年4月25日，SK-Ⅱ天猫官方旗舰店将原价近2000元的330 mL护肤精华露套装的销售价格降到了590元。在正常情况下，590元仅能购买一套75 mL护肤精华露套装。然而，这样的大幅度降价并未引起消费者太多的关注。

三天后，微博上突然出现了有关"SK-Ⅱ护肤精华露出现BUG"的话题，网友随即展开热烈的讨论，纷纷留言道："仿佛错过了一个亿。""为什么好事就轮不到我？""每次都是过去了才知道。"话题热度持续不断。

经过微博上的发酵，网友们疯狂抢购，天猫官方旗舰店这才将价格出现"BUG"的护肤精华露套装恢复了原价。

思考：什么是化妆品营销？化妆品营销就只是降低产品的价格吗？

知识准备

一、化妆品营销的含义

1. 市场营销的含义

市场营销是由英文"marketing"一词翻译而来的，美国经济学教授菲利普·科特勒将其定义为：个人或集体通过创造产品和价值，并同别人自由交换产品和价值，来获得其所需所欲之物的一种社会和管理过程。

也就是说，市场营销的中心是交换产品和价值，最终目标是满足顾客的需求和欲望。市场营销的研究范围既包含了销售之前的市场调研和产品开发，又包括了销售的过程及销售之后的营销者和消费者之间的互动。

扫一扫

什么是市场营销

2. 化妆品营销的含义

化妆品营销是将市场营销学的内容应用到化妆品销售活动中的过程。化妆品营销的主体可以是企业也可以是个人，化妆品营销的主体不同，其工作内容也略有不同。

企业作为化妆品营销的主体，其主要的工作内容有：化妆品销售的前期市场调查，根据市场调查的结

果确定化妆品的目标顾客及市场定位，根据企业的实际情况研发化妆品、设计化妆品的包装、制订化妆品宣传策略；在经过前期的调查工作和研发工作后，组织批量生产化妆品；化妆品生产完成后，开始面向顾客销售化妆品，在此过程中需要确定化妆品的铺设渠道、门店或柜台的化妆品及其广告的展列方式、化妆品的价格等；在销售完成后，向购买化妆品的顾客提供售后服务，如回访、化妆品售后接待、咨询服务等。

个人与企业最大的不同在于，企业需要参与化妆品研发、生产和销售的全过程，而个人由于其不具备化妆品研发和生产的能力，因此个人的化妆品营销过程仅包含化妆品上市后的销售及售后服务。其主要工作内容有：预约与接待顾客、介绍产品、解决顾客异议、提供售后服务等。当从事化妆品营销的主体是个人时，其工作岗位为化妆品推销员岗位。

本书将从个人角度出发，立足于化妆品推销员岗位，详细介绍化妆品推销员工作所需的营销知识。

课堂讨论

观察身边发生的化妆品营销事件，谈一谈其中哪些营销事件是个人策划的，哪些营销事件是企业策划的？

二、化妆品营销观念

化妆品营销观念是指导化妆品营销人员进行营销活动的思维方式，它源自企业或个人对有利于达成交易的经营技巧的总结。正确的化妆品营销观念可以帮助化妆品营销人员更好地满足顾客需求，从而促使化妆品交易达成。化妆品营销观念在不断演变和发展中经历了生产观念、产品观念、推销观念、市场营销观念、社会营销观念五个阶段。

扫一扫

营销观念的演变

1. 生产观念

生产观念是最早期的化妆品营销观念，这一时期的化妆品营销人员认为：只要化妆品能够生产出来，就一定有顾客购买，只要薄利多销就可以提高化妆品的盈利。这样的营销观念可以产生于以下任意一种市场条件。

① 顾客对化妆品品质要求不高，能满足基本的需求即可。

② 化妆品市场竞争以价格竞争为主，扩大生产不仅可以提高销售量，还可以降低生产成本，增加化妆品销售利润。

③ 在计划经济体制下，政府具有决定权，市场交易由政府调控，化妆品营销并不需要太多的手段。

显然，在特定的市场条件下，生产观念可以为企业带来盈利。但是随着市场的发展，生产观念逐渐被化妆品营销人员所摒弃。

2. 产品观念

产品观念是生产观念的进一步发展。当企业不能通过薄利多销的模式获利，生产观念便不再适用，要想抢占市场就要提高化妆品质量，这样的营销观念便是产品观念。产品观念认为只要化妆品质量、功效等条件优于其他竞争产品，就能够获得市场竞争力。

虽然，产品观念相比生产观念更进了一步，但是仍旧将销售重点放在了化妆品上，企业盈利建立在产品供不应求的情况下，而一旦化妆品供应量日趋饱和，企业将会很快失去顾客，造成化妆品积压。

3. 推销观念

当化妆品市场达到一定的饱和程度后，化妆品营销人员开始转变思路，想方设法让顾客更好地理解其产品，以此来促使交易达成，这便是推销观念。推销观念认为顾客是被动的，企业需要刺激顾客，加深产品在顾客心中的印象，才能促成交易。

当市场刚刚进入饱和阶段，推销观念的确可以为企业盈利。同生产观念和产品观念相比，推销观念不再仅仅将目光锁定在化妆品上，更是将目光放在了如何引导顾客购买化妆品上。但是，只有在化妆品真正满足顾客需求的情况下，顾客才会有购买的冲动。当市场竞争愈发激烈，化妆品不能满足更多顾客需求的时候，推销观念便不再起到促成交易的作用了。

4. 市场营销观念

市场营销观念的核心是满足顾客需求，将化妆品营销的重点从化妆品转移到顾客身上。在市场竞争越来越激烈的情况下，以产品为核心的营销手段势必会失去竞争力。交易的达成往往并不是因为顾客对产品的了解程度，而是产品满足顾客需求的程度。顾客在选择化妆品时，一定会优先选择那些符合其需求的化妆品。于是，向顾客销售合适的产品，成了化妆品营销人员新的营销观念。

市场营销观念的发展，是基于人们对经济活动的客观规律的认知：商品生产活动的意义在于实现交换，而实现交换的前提是存在对于商品的需要。只有符合经济规律的营销观念，才能够帮助企业获得利涧。因而，市场营销观念在化妆品营销中的地位不断提高，成为化妆品营销人员工作的主要思路。掌握市场营销观念，已成为提高化妆品营销人员竞争力的重要因素。

品牌故事

作为全球最大的日用品公司之一的宝洁公司在刚进入中国市场时，面临的第一个问题就是如何将品牌本土化。由于文化领域不同，中国顾客在需求上与宝洁公司以往的顾客表现出不同的特点。为此，宝洁公司在中国建立了完善的市场调研系统——开展顾客追踪并尝试与顾客建立持久的沟通关系。市场调研系统的建立帮助宝洁公司更好地分析顾客意见，了解顾客需求,并且及时收到分析结果的生产研发部门根据中国顾客的特点及其他因素对产品进行了改良,以生产出满足中国顾客需求的产品。通过一系列的举措,宝洁公司成功地提高了产品的竞争力,完美地解决了品牌本土化的问题。

5. 社会营销观念

社会营销观念认为,化妆品营销不仅会受到经济规律的影响,还会受到社会规则的约束,营销不仅要符合经济规律,更要符合社会规则。社会营销观念是在化妆品营销学科形成之后,逐渐出现的营销观念,是对营销观念的补充和发展。

在市场营销观念的指导下,营销者可以获得丰厚的利润,但要在化妆品市场上得到长远的发展,化妆品营销人员不仅要懂得迎合顾客需求,更要满足社会对其自身的要求,获得社会认可,从而改善经营环境,为企业长远的发展奠定基础。

品牌故事

生活小事,随时漂亮上场

2020 年年初,随着全球疫情的持续恶化,大家的生活似乎被按下了暂停键,终日无所事事,使很多人失去了生活的斗志。而这时,佳洁士突然出现在大众视野,发布了以"生活小事,随时漂亮上场"为主题的宣传视频,告诉大家——哪怕是一件小事,也要有随时准备"漂亮上场"的自信,以生活小故事的形式向观看者强调保持自信的重要性。

佳洁士牙膏以顾客的情绪为出发点,紧密联系品牌,通过趣味、激励的表达方式与消费者之间建立情感共鸣,进而通过将品牌产品与生活小事及消费者情绪相结合,达到丰富品牌情感内涵、塑造积极向上的品牌形象的目的。激励大众重燃生活信心的这种营销观念,获得了大众和社会的认可,有利于企业的长远发展。

不同类型的化妆品营观念都有其产生和存在的意义。在目前的化妆品营销环境下,市场营销观念和社会营销观念共同发挥着作用,指导着营销人员更有效地向顾客提供满足其需求的产品。

三、化妆品营销策略

化妆品营销策略是指化妆品营销人员根据产品特性和目标顾客的特点制订的各种营销方式。从销售的角度来看,化妆品营销策略可分为目标营销策略、专柜营销策略、服务营销策略、包装营销策略和网络营销策略五种。

1. 目标营销策略

目标营销策略是指针对顾客消费心理、消费行为，利用营销手段，有目的地引导特定类型的顾客购买该品牌化妆品的营销方法。也就是说，目标营销策略需要对化妆品品牌进行定位，并通过专柜展示、灯箱广告等营销手段，引导适合该产品的顾客消费。

与男性顾客的理性思维不同，女性顾客更为感性，其消费行为更容易被情感所左右。女性顾客购买化妆品时，更容易被购买环境、购买氛围和化妆品推销员所影响。因此，目标营销策略也比较适合以女性顾客为主的化妆品市场。利用该策略与顾客产生情感连接，让顾客对品牌化妆品寄予厚望，相信品牌化妆品能够带来想要的效果，从而营造二者共赢的良好氛围，最终促使交易达成。

2. 专柜营销策略

专柜营销策略是指在各类大型商场布置柜台，加深顾客对该品牌的印象，让顾客能够方便地购买该品牌化妆品的营销方法。各柜台应该以统一的形象、品牌理念、产品价格及服务方式面对顾客，向顾客传播品牌价值观，塑造品牌形象。专柜营销策略不仅可以加深品牌在顾客心中的印象，还可以提高品牌知名度，扩大品牌营业额，体现品牌实力。

3. 服务营销策略

服务营销策略是指将化妆品的售中、售后服务作为化妆品的附加价值一同提供给顾客，从而提高化妆品市场竞争力的营销方法。化妆品是消耗类商品，需要培养顾客忠诚度。在产品品质过硬的前提下，化妆品推销员需要给顾客提供情绪价值，让其有满意的购物体验。顾客购买化妆品不仅会考虑化妆品的品牌名气、产品功效和产品质量，还会考虑该品牌化妆品的服务质量。化妆品推销员不仅要在顾客购买前提供专业的咨询和使用指导，更要在顾客购买后提供后续的跟踪服务，增加产品的附加价值，让顾客在购买产品后，还能够得到良好的服务，以达到维护顾客关系，促使下一次产品交易发生的目的。

4. 包装营销策略

包装营销策略是指根据品牌特点，对化妆品的外包装进行设计，以便突出该品牌化妆品特质的营销方法。产品的包装决定了顾客对化妆品的第一印象，包装精美的化妆品可以引起顾客的兴趣，帮助化妆品推销员进一步向顾客介绍产品。同时，化妆品的包装也可以突出化妆品的市场定位，吸引目标顾客，让更需要该产品的顾客准确地找到适合其自身的产品。

5. 网络营销策略

网络营销策略是指以互联网为核心平台，以网络用户为中心，以市场需求和认知为导向，利用各种网络应用手段去实现一定营销目的的营销方法。网络营销策略是传统营销策略在互联网环境中的应用和发展，具有营销双方不受时间限制、经营规模不受场地限制、支付手段高度电子化、价格更有竞争力、促销更具优势的特点。

四、化妆品市场的发展趋势

随着社会的发展，顾客群体对化妆品的需求不断变化，化妆品市场也随之不断改变。化妆品市场的发展趋势如下。

1. 市场更倾向于天然、环保的化妆品

随着人们产品意识的觉醒，顾客对于化妆品的要求不再只局限于化妆品功效，化妆品的成分也成了顾客关注的重点。天然成分越来越多地出现在化妆品营销的宣传上，化妆品成分是否天然、绿色、环保已成为顾客决定购买化妆品与否的重要因素。我国作为拥有几千年医药文化的文明古国，在使用草本植物方面有着天然的优势和群众基础，而且以草本植物为原料的化妆品更加环保，这类化妆品更容易受到国内顾客的青睐。

2. 市场更倾向于生产过程安全的化妆品

化妆品生产过程的安全性是人们购买化妆品时最为关注的问题，化妆品安全与否直接决定了顾客是否会考虑购买该产品。企业在生产化妆品的过程中，应有整体的管理意识，注重每一个化妆品的生产环节，预防产品安全问题。化妆品推销员需要将企业在化妆品生产过程中对安全性的重视传达给顾客，让顾客建立对产品安全性的信心。

3. 市场更倾向于产品功效具有针对性的化妆品

随着顾客需求的提高，顾客不再满足于使用功能简单的产品进行基础护理，而希望化妆品的功效更具体、更具有针对性。因此，化妆品企业在产品研发方面更加精益求精。例如，有些商家针对年轻人因为长期熬夜，容易长痘、面色暗黄等问题，推出了祛痘精华和美白精华。

任务实施——知识竞赛

活动目的

通过知识竞赛的方式，让学生全面掌握本任务所学的内容。

活动内容及流程

1. 前期准备

① 老师可参考表 1-1 中知识点对应的题号及分值，制作一个知识大转盘。

表 1-1 知识大转盘的内容举例

题 号	知识点	分 值
1	市场营销的含义是什么	3
2	化妆品营销的含义是什么？化妆品销售的主体有哪些	5
3	个人作为化妆品销售主体的工作内容有哪些	10
4	营销的基本组成要素是什么	3
5	需要学习营销知识的是营销组成要素中的哪一个	3
6	化妆品营销观念包括哪几种	5
7	市场营销观念的核心是什么	7
8	社会营销观念产生的原因是什么	5
9	化妆品营销策略有哪些	3
10	化妆品市场有哪些发展趋势	3

② 全班学生分为 6 组，每组选出 1 名负责人，小组负责人带领组员温习本任务所学内容。此外，小组负责人还负责摇动转盘并维持组内秩序。

③ 摇动转盘的顺序如图 1-1 所示，即第 1 小组给第 2 小组摇动转盘，第 2 小组给第 3 小组摇动转盘，以此类推，若转到别人答对的题目，则再转一次。

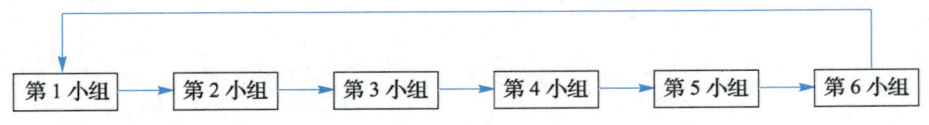

图 1-1 摇动转盘的顺序

2. 活动流程

① 小组负责人组织组员回答由其他组摇出的问题，所得分数由老师评定。

② 老师按表 1-2 给各小组进行打分，并统计各小组总得分。

表 1-2 评 分 表

小　　组	答题得分	答题表述流畅情况 （10分）	小组成员协作情况 （10分）	其　　他 （10分）	合　　计
第 1 小组					
第 2 小组					
第 3 小组					
第 4 小组					
第 5 小组					
第 6 小组					

③ 老师将各小组按照最终得分的高低进行排名，并根据情况设置活动奖品。

任务二

了解化妆品推销员

任务目标

知识目标

① 了解化妆品推销员的主要职责。
② 掌握化妆品推销员的职业素养。
③ 掌握化妆品推销员的礼仪要求。
④ 熟悉化妆品推销员的岗位和职能。

素质目标

① 具备在化妆品销售中的语言沟通能力。
② 具备得体的举止。
③ 初步具备化妆品推销员的职业素养。
④ 具备一定的团队合作意识。

任务引入——热情的小李（一）

小李是刚刚来到某品牌专卖店工作的员工，作为一名活力四射的年轻人，她在工作中非常积极，店长却嘱咐小李，顾客进店后不要太过热情。小李很是不解，难道导购不应该热情地服务顾客吗？

这天，一位顾客走进店里，小李热情地接待了她。

小李："您好！欢迎光临！有什么想要了解的吗？可以帮您推荐。"

顾客："我随便看看。"

小李："好的，今天店里有活动，需要为您介绍一下吗？"

顾客："不用了，谢谢。"

小李："这边的产品今天八五折，非常划算。"

小李想引导顾客走向店里的打折柜台，顾客却走向了另一边，拿起了一款产品。

小李："您看的这款产品是本店的主打产品，用过的顾客都说不错，您要是不买可就亏了。"

然而顾客却放下产品，走出了专卖店。

请思考，为什么小李热情地服务顾客，但顾客却反应冷淡，甚至离开了专卖店？

知识准备

一、化妆品推销员的主要职责

化妆品推销员的岗位有很多种，不同岗位的职责略有不同。评价化妆品推销员工作质量的最直接的标准便是化妆品销售业绩。因此，各岗位的化妆品推销员都需要具备化妆品推销能力，其主要职责也与推销工作相关，具体可以总结为以下几点。

1. 接待顾客

接待顾客是化妆品推销员促成化妆品交易的第一步，也是化妆品推销员的主要工作内容。在大部分情况下，顾客会主动来到门店挑选化妆品。在顾客来到门店后，化妆品推销员需要及时上前接待，并提供专业的销售服务，直到顾客找到满意的化妆品并购买为止。

推销员的私房话

部分门店会因为新店开业或知名度不高而面临客流量不足的情况,此时就需要化妆品推销员以电话预约的方式邀请顾客前来或征得顾客同意后上门拜访。

2. 介绍产品

在接待顾客的过程中,化妆品推销员首先需要与顾客交流,通过顾客的语言、表情和状态了解顾客的消费意愿,再结合对顾客皮肤状态的专业分析,根据经验总结出顾客的购买意向;然后根据顾客的购买意向,给顾客介绍适合的产品。化妆品推销员向顾客介绍产品的原则是:产品要能够解决顾客的实际问题,介绍产品的数量不要太多,产品的功效要有针对性。

3. 消除顾客异议

在通常情况下,顾客会对所推荐的产品产生异议。化妆品推销员需要利用自身的专业知识,突出产品的优点,打消顾客疑虑,用引导的方式说服顾客,最终达成交易。

4. 提供售后服务

在交易达成后,部分顾客会有退换货等售后要求。化妆品推销员应随机应变,在不违背店内规定的情况下,尽可能地让顾客满意。同时,化妆品推销员还需要登记顾客信息、进行顾客回访、向顾客提供后续商品资料,从而达到维护顾客关系的目的。

二、化妆品推销员的职业素养

化妆品推销员的职业素养是其与顾客沟通时必备的素质。化妆品推销员的职业素养包括品质素养和专业素养,化妆品推销员只有具备所需职业素养后才能够上岗工作。

1. 品质素养

化妆品推销员的品质素养是其思想品德、心理素质的体现,主要包括敬业精神、职业道德、自信心和进取心四个方面。

1)敬业精神

化妆品推销员应当致力于推销工作。化妆品推销员的工作时间没有上限,工作内容的多少取决于化妆品推销员自己的意愿。化妆品推销员要掌握时间管理方法,在自己的能力范围内,多为顾客提供服务,为自身带来更好的业绩,为企业创造更多的价值。

2)职业道德

职业道德是每一位化妆品推销员应具备的基本要求,它包括以下四个方面的内容。

其一,要有强烈的法制观念。遵纪守法不仅是化妆品推销员,更是每个公民应具备的品质。

其二,要对顾客和工作岗位负责。如实地向顾客介绍化妆品的品质和功效,帮助顾客解决遇到的问题;

做到不谎报、不瞒报，真实地向上级反映工作中遇到的问题，认真完成化妆品推销员岗位的工作。

其三，诚实守信。对自己说过的话认真负责，不轻易许诺。由于特殊原因不能履行承诺的，要对顾客进行同等或加倍的补偿，以免损害销售信誉。

其四，对顾客要一视同仁。不可以带有个人感情、有偏向性地服务顾客。

3）自信心

化妆品推销员只有对自己有足够的信心，才能够以专业的形象去面对顾客，让顾客对自己产生信任。化妆品推销员培养自信心应从两方面入手：一方面需要正确看待失败，明白推销都是从被顾客拒绝开始的；另一方面，要做好准备工作，制订充分的计划和安排，演练可能会出现的问题，不断从经验中吸取教训，提高自己的推销能力。

4）进取心

化妆品推销员需要在面对困境时不畏艰难、勇敢向前，坚信克服困难是推销成功的开始。化妆品推销员在工作时常需要面对各种各样的挑战：瞬息万变的市场、激烈的竞争、不分昼夜地奔波、严厉地拒绝、冷嘲热讽、怀疑奚落等。在面对这些挑战时，化妆品推销员不仅要保持平和乐观的态度、正确对待遇到的困难和失败，还要冷静地思考问题并总结经验，不断进取，相信只要正确地处理困难，就可以把危机变成转机，最终获得成功。

2．专业素养

化妆品推销员的专业素养是其能力的体现，专业素养主要包括企业知识、产品知识、技艺修养、顾客知识、市场知识、法律知识及组织能力。

1）企业知识

化妆品推销员是连接企业与顾客的纽带，企业的形象影响着顾客对化妆品推销员的态度，化妆品推销员的表现也决定了顾客对企业的认知。掌握企业知识并向顾客介绍企业知识，能够帮助化妆品推销员塑造自身专业的形象，也能够加深顾客对企业的印象，为企业和化妆品推销员赢得更多的机会。

推销员的私房话

化妆品推销员不仅要掌握自身所代表的化妆品企业的特点，还要了解竞争对手的情况。

2）产品知识

化妆品推销员应当掌握要销售的产品的主要成分、功效及产品区别于其他竞争产品的特性等产品知识，以便从专业的角度为顾客解答疑问并提出建议。具备丰富产品知识的化妆品推销员能更好地与顾客沟通，获得顾客信任，为产品交易的达成打下良好的基础。

3）技艺修养

化妆品推销员应当秉持"学无止境，艺无止境"的观念，不断完善推销所需的技能。化妆、美容、美发、美体等行业属于时尚行业，新技术、新产品不断涌现。所以，化妆品推销员必须紧跟潮流，先顾客一步了解最新的流行趋势，掌握最新的理论和技艺，将美容护理技巧与最新的化妆品结合起来，给顾客以满意的消费体验。

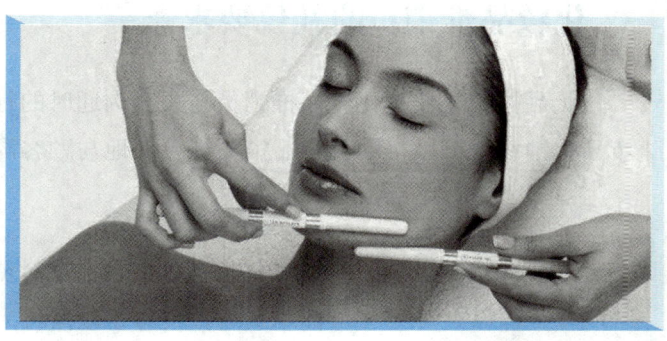

4）顾客知识

化妆品推销员在上岗前必须具备一定的顾客分析能力（包括顾客消费心理分析能力、顾客购买行为分析能力等）。化妆品推销员只有在了解顾客的购买动机、购买习惯、购买条件、购买决策等影响因素的前提下，才能有针对性地向顾客推荐产品。

5）市场知识

化妆品推销员能够及时准确地把握并反馈市场动态，是化妆品企业获取市场信息的关键因素。化妆品推销员需要收集的市场信息有：顾客信息、市场供求信息、商品经营效果信息、竞争对手的信息等。化妆品推销员捕捉市场信息的能力，决定了企业获得市场信息的能力，因此化妆品推销员具备市场知识对化妆品营销十分重要。

6）法律知识

在化妆品交易完成的同时，化妆品推销员与顾客、化妆品与化妆品购买金、化妆品与化妆品购买金的交换行为三者共同构成了买卖法律关系。化妆品推销员与顾客是这个法律关系的主体，二者皆享有各自的权利及各自要承担的义务。因此，化妆品推销员需要了解一定的买卖交易的法律常识，如买卖关系的界定、卖方的义务和权利、买方的义务和权利等。

7）组织能力

化妆品推销员需要通过举办各种类型的促销活动（如，纪念活动、节假日活动、庆典活动、商品展览活动等），来吸引顾客购买化妆品。这些活动都需要周密的计划和认真的组织，活动的每一个环节都要经过认真地筹划和安排，避免出现纰漏，因此化妆品推销员的组织能力显得尤为重要。

课堂讨论

你认为自己已经具备了哪些职业素养？哪些职业素养还需要学习？

三、化妆品推销员的礼仪要求

化妆品推销礼仪是化妆品推销员与顾客沟通时的行为规范，是向顾客表达尊重和友善的方式和方法。化妆品推销礼仪可以帮助化妆品推销员更好地与顾客沟通，促成交易。

1. 仪容仪表

化妆品推销员需要时刻保持良好的外观形象：头发要洁净无异味，发型要简单大方，妆容要以淡妆为主，不可披头散发、浓妆艳抹。同时，化妆品推销员作为一线销售人员，还要时刻注意保养自己的面部和双手，健康的皮肤状况可以避免顾客对产品产生不好的印象。

在一般情况下，化妆品推销员需要统一着装，穿着公司发放的工装、工鞋，佩戴适当的首饰。若公司没有统一工装，则需要自行搭配服装。化妆品推销员自行搭配的服装要与品牌形象契合，色彩不宜太过鲜艳，配色不宜过多。

化妆品推销员在服务顾客时，难免会与顾客有一定的肢体接触。为了避免划伤顾客，化妆品推销员需要定期修剪指甲，避免佩戴戒指、手链等易划伤顾客的配饰。

2. 语言沟通

化妆品推销员的语言沟通可以分为三个方面：听、看和说。化妆品推销员在表达自己的观点和看法之前要先了解顾客的状态和需求，再有针对性地向顾客提出自己的意见和建议。

1）听

化妆品推销员的推销工作需要根据顾客的购买意向展开。化妆品推销员需要倾听顾客的需求，了解顾客所表达的深层含义。根据顾客所提供的信息，分析顾客的消费特点，有针对性地展开推销。通过倾听，表达对顾客的尊重和理解，给予顾客认同感。

2）看

当顾客走向柜台或店铺时，化妆品推销员需要与顾客有一定的眼神交流，但时间不宜超过3秒，否则会引起顾客反感。在与顾客交谈过程中，要有适当的目光接触，向顾客表达对其讲话内容的重视。当顾客与化妆品推销员目光接触时间高于总体交流时间的60%时，表示顾客对谈话内容有较大的兴趣；如果顾客和化妆品推销员的目光接触时间低于总体交流时间的30%，则说明顾客对产品兴趣不高，化妆品推销员需要改变话题吸引顾客注意。

3）说

说是化妆品推销员询问顾客购买意向，向顾客介绍产品，建议顾客购买产品的主要方式。化妆品推销员说话时要注意：音量适度，语气温和，语速适中，措辞准确，吐字清楚。这是销售语言表达的基础。在语言表达的同时，还应该尽量使用专业词汇，涉及产品的问题，用词一定要严谨，尽量使用标准化语言，避免

口语化。化妆品推销员在推销期间，需要避免食用有刺激性气味的食物，以免影响顾客的交流体验，引起顾客的反感。

3. 行为举止

化妆品推销员的行为举止可以向顾客展现其专业程度。拥有良好仪态的化妆品推销员能够给予顾客更好的购物体验，更容易得到顾客的信赖。化妆品推销员的行为举止可以从以下两点来改善。

1）微笑

化妆品推销员面对顾客时，需要露出适当得体的微笑。

练习方式：练习时，需要保持心情愉悦，呼吸自然顺畅。双唇轻闭，面部肌肉放松，嘴角微微翘起，眉目舒展。可对镜练习，反复多次，找寻自己的最佳状态。

2）站姿

站姿体现了化妆品推销员的精神面貌。在与顾客交流的时候，化妆品推销员需要时刻保持良好的站姿，给顾客以专业的形象。

基本要求：后背挺直，挺胸收腹，两肩放平，下颌微收，双目平视前方。

站姿禁忌：忌弓腰、驼背或身体倚靠、斜靠于墙壁，否则给人萎靡、低落的感觉；忌双手叉腰或将手放在背后，否则给人傲慢、失礼的感觉；忌与异性一起站立时摇头晃脑，否则给人轻浮、不稳重的感觉。

随学随练

学生们两人一组，自由组队。

① 两人面对面站立，一人练习微笑和站姿，一人检查并给出改善建议。

② 两人分别扮演顾客和化妆品推销员，模拟化妆品销售情境。化妆品推销员迎接顾客并问询顾客需求，顾客需对化妆品推销员的表现打分。

四、化妆品推销员的岗位和职能

化妆品推销员的岗位可按工作性质分为销售岗、顾问岗、培训岗及高级管理岗四种，这些岗位都有其各自的岗位要求和岗位职责。另外，根据人员工作地点的不同，还可以将化妆品推销员岗位分为在化妆品柜台工作的化妆品推销员岗位和在美容院工作的化妆品推销员岗位两种。化妆品推销员岗位具体划分如表1-3所示。

表1-3　化妆品推销员的岗位划分

岗位		定位	岗位要求	岗位职责
销售岗	导购员	在化妆品柜台工作的从事化妆品销售行业基础工作的人员	① 具备与顾客沟通的能力 ② 具备一定的化妆品相关知识 ③ 掌握一些化妆品营销技能	① 向顾客提供化妆品销售服务 ② 用专业的形象打动顾客，让顾客在挑选产品的同时能够听取导购员的意见
	美容师	在美容院工作的从事化妆品销售行业基础工作的人员	① 具备一定的化妆技能 ② 了解一定的皮肤护理知识 ③ 掌握一些化妆品营销技能	① 向顾客提供皮肤护理、美容化妆等服务的同时推销合适的产品 ② 用专业的形象打动顾客，让顾客在挑选产品的同时能够听取美容师的意见
顾问岗	化妆顾问	在化妆品柜台工作的、向顾客提供咨询服务的人员	① 具备更多的化妆品专业知识 ② 有一定的亲和力	向顾客提供专业的建议，以便顾客选择适合其自身的产品
	美容顾问	在美容院工作的向顾客提供咨询服务的人员	① 具备美容护肤的专业知识和技能 ② 有一定的亲和力	
培训岗	化妆培训讲师	培训导购员或化妆顾问的人员	① 具备优秀的语言表达能力 ② 对化妆品行业有全面深刻的理解 ③ 有一定的时尚敏锐度，掌握行业内的最新信息 ④ 有五年以上的工作经验	① 帮助门店了解行业最新的技术、理论和产品 ② 对门店的化妆品推销员进行化妆品行业最新技术、理念知识方面的培训
	美容培训讲师	培训美容师或美容顾问的人员		
高级管理岗	化妆品区域经理	区域内所有化妆品门店的总领导	① 熟悉所代表品牌的市场定位、产品卖点、销售策略和推广方案 ② 掌握化妆品营销知识，具备化妆品市场分析规划能力 ③ 了解所有岗位职能，能够很好地组织各岗位协同合作	① 根据品牌实际情况制订销售策略，有效地推广品牌，完成销售任务 ② 培训化妆品培训师 ③ 维系老顾客、开发新顾客
	美容区域经理	区域内所有美容院的总领导		

　　导购员（美容师）可以晋升为门店店长（美容院院长），门店店长可以晋升为化妆品（美容）区域经理，化妆（美容）顾问可以晋升为化妆（美容）培训讲师。不同于销售岗以销售工作为核心，其他岗位都需要完成一定的管理工作或培训工作。

推销员的私房话

　　美容师除了销售化妆品外，还需要根据美容顾问提出的建议，有针对性地向顾客提供美容化妆服务。

任务实施——模拟招聘

活动目的

通过模拟招聘的方式，让学生全面掌握化妆品推销员的工作要求。

活动内容及流程

① 老师将学生分成招聘组和应聘组两个大组，其中招聘组每 2～4 人再组成若干公司。

② 招聘组学生为面试官，招聘化妆品推销员，招聘开始前，招聘组学生需共同设置面试问题并交给老师进行评阅。

③ 应聘组学生为面试者，应聘化妆品推销员职位，招聘开始前，应聘组学生需准备个人自我介绍。

④ 招聘开始后，应聘组学生可自由选择要面试的公司，招聘组通过应聘组学生的表现发放录用通知，未发放的录用通知在招聘结束后作废。

⑤ 招聘结束后，应聘组学生需决定加入哪个公司；没有加入公司的学生可自由组成若干个创业队。注意：应聘组学生每人仅可加入一个公司，每个公司仅允许加入三人；创业队人数不得超过五人。

⑥ 团队得分最高的队伍为获胜队伍。

任务评价

团队得分为公司得分和个人得分之和，具体计分标准如下。

① 公司提出一个和任务知识相关的考核问题得一分。

② 公司招聘到一位化妆品推销员得一分，被面试者拒绝一次扣一分。

③ 面试者得到一份录用通知得一分。

④ 创业队仅有个人得分，没有公司得分。

老师可根据表 1-4 给学生评分。

表 1-4 团队评分表

团队名称：				
评分标准			实际得分	备　注
公司得分	有效问题	每提出一个有效问题得一分		
	团队新增人数	团队每新增一人得一分		
	被拒绝次数	每被拒绝一次扣一分		
个人得分	录用通知数量	每收到一个录用通知得一分		
总分				

化妆品营销实务

HUAZHUANGPIN YINGXIAO SHIWU

项目学习效果综合测评

一、判断题

1. 化妆品推销员是化妆品营销中的买方。 （　　）

2. 推销观念是化妆品营销最先进的观念。 （　　）

3. 化妆品市场的发展趋势是化妆品要更便宜。 （　　）

4. 在顾客有异议的时候，化妆品推销员可以置之不理。 （　　）

5. 要想成为化妆品推销员，只要具备专业素养就够了。 （　　）

6. 化妆品推销员需要懂得一定的礼仪。 （　　）

7. 化妆品推销员是没有职业发展的。 （　　）

二、填空题

1. 市场营销观念的核心是满足顾客需求，将化妆品营销的重点从化妆品转移到_____身上。

2. 化妆品是消耗类商品，需要培养顾客_____。在产品品质过硬的前提下，化妆品推销员需要提供给顾客_____，让其有满意的购物体验。

3. 化妆品推销员向顾客推荐产品的原则是：产品要能够解决顾客_____，介绍产品的数量不要太_____，产品的功效要有_____。

4. 化妆品推销员在上岗前必须具备一定的顾客分析能力。顾客分析能力包括_____、_____等。

5. 化妆品推销员的语言沟通可以分为三个方面：_____、_____和_____。

6. 导购员是在_____、_____、_____及_____等场所的化妆品柜台直接向顾客提供化妆品销售服务的人员，是化妆品销售行业最基础的工种之一。

三、综合题

上网搜集至少五份化妆品推销员的招聘启事，分析招聘启事中的各项要求，总结招聘启事中要求的能力。

项目二

化妆品的基本常识

　　化妆品的基本常识是每位化妆品推销员必须掌握的行业相关知识。化妆品推销员需要具备化妆品的类别、成分、功效及使用方法等基础知识，这样才能更好地向顾客推荐合适的化妆品；此外，化妆品推销员还需要懂得化妆品的鉴别方法和保管方法，确保向顾客推销的化妆品没有质量问题。

任务一

认识化妆品

任务目标

知识目标

① 熟悉化妆品的概念及分类方法。

② 了解日常化妆品的所属类别。

③ 掌握日常化妆品的主要成分、功效及使用方法。

素质目标

① 能够针对顾客的皮肤特点向其推荐合适的化妆品。

② 具备一定的团队合作意识。

任务引入——护肤的五大步骤

想要面部有良好的状态，就需要掌握正确的护肤步骤，那么日常最基础的面部护肤流程是什么呢？

① 洁面。做好皮肤清洁是护肤的第一步，也是皮肤后续护理的基础。彻底又轻柔地清除面部多余的油脂和污垢，可以防止毛孔堵塞，让肌肤更清爽干净。

② 补充化妆水。清洁后的面部皮肤需要及时补水。使用正确的化妆水，可以帮助皮肤减少出油、收缩毛孔，还可以让皮肤保持紧致。相反，补水不及时则很容易造成皮肤干燥紧绷。

③ 涂抹精华。精华内含有丰富的营养物质，是皮肤良好的调养品。涂抹精华不仅可以有效地补充皮肤所需的水分及养分，让皮肤丰润弹滑，还可以帮助皮肤改善粗糙暗沉的现象，让皮肤细致有光泽。

④ 涂抹眼霜。眼部的皮肤比较娇嫩，需要用专门的眼霜来保养。眼霜中富含滋润及抗衰老成分，可以帮助眼部皮肤更加滋润紧致，减少细纹。

⑤ 涂抹乳液/面霜。涂抹乳液/面霜是基础护肤的最后一步，也是最重要的一步。皮肤得到充沛的滋润后，需要及时地锁住水分和养分，使用乳液/面霜可以在皮肤表面形成保护膜，减少水分和养分的流失，保证皮肤滋润。

思考：以上护肤步骤用到了哪些化妆品？它们分别属于哪一类化妆品？日常生活中的化妆品应该如何分类？

知识准备

根据《化妆品分类》（GB/T 18670—2017），化妆品是指以涂抹、洒、喷或其他类似方式，施于人体表面任何部位（皮肤、毛发、指甲、口唇等），以达到清洁、芳香、改变外观、修正人体气味、保养、保持良好状态目的的产品。

一、化妆品的分类

根据2021年施行的《化妆品监督管理条例》，化妆品可分为特殊化妆品和普通化妆品。其中，特殊化妆品是指用于染发、烫发、祛斑美白、防晒、防脱发的化妆品及宣称新功效的化妆品。特殊化妆品以外的化妆品为普通化妆品。下面主要介绍普通化妆品的分类。

根据《化妆品分类》（GB/T 18670—2017）化妆品主要是按产品功能、使用部位来分类的。另外，化妆品还可以按酸碱性、外观形态等其他方式来分类。

1. 按产品功能分类

根据化妆品的功能不同，化妆品可分为清洁类化妆品、护理类化妆品及美容/修饰类化妆品。

⊛ 清洁类化妆品：是指以涂抹、洒、喷或其他类似方法，施于人体表面，如皮肤、毛发、指（趾）甲、口唇等处，达到清洁和修正人体气味、保持良好状态目的的化妆品。

⊛ 护理类化妆品：是指以涂抹、洒、喷或其他类似方法，施于人体表面，如皮肤、毛发、指（趾）甲、口唇等处，达到保养、修饰、保持良好状态目的的化妆品。

⊛ 美容/修饰类化妆品：是指以涂抹、洒、喷或其他类似方法，施于人体表面，如皮肤、毛发、指（趾）甲、口唇等处，达到美化、修饰、芳香、改变外观、呈现良好状态目的的化妆品。

2. 按使用部位分类

根据化妆品的使用部位不同，化妆品可分为皮肤用化妆品、毛发用化妆品、指（趾）甲用化妆品、口唇用化妆品。

> 在《化妆品分类》（GB/T 18670—2017）中，化妆品的定义限定了施于人体的部位是人体表面，如皮肤、毛发、指（趾）甲、口唇，而牙齿与口腔黏膜不在人体表面，因而牙膏并不属于法定意义上的化妆品。而在 2021 年施行的《化妆品监督管理条例》中，牙膏首次被列入化妆品监管范围，参照普通化妆品的规定进行管理。

《化妆品分类》（GB/T 18670—2017）中，常用化妆品归类举例见表 2-1 所列。

表 2-1　常用化妆品归类举例

部　位	功　能		
	清洁类化妆品	护理类化妆品	美容/修饰类化妆品
皮肤	洗面奶（膏） 卸妆油（液、乳） 卸妆露 清洁霜（蜜） 面膜 浴液 洗手液 洁肤啫喱 洁颜粉 洁面粉	护肤膏（霜） 护肤乳液 化妆水 面膜 护肤啫喱 润肤油 按摩精油 按摩基础油 花露水 痱子粉 爽身粉	粉饼 胭脂 眼影（膏） 眼线笔（液） 眉笔（粉） 香水 古龙水 香粉（蜜粉） 遮瑕棒（膏） 粉底液（霜） 粉条 粉棒 腮红 粉霜

续表

部 位	功 能		
	清洁类化妆品	护理类化妆品	美容/修饰类化妆品
毛发	洗发液 洗发露 洗发膏 剃须膏	护发素 发乳 发油/发蜡 焗油膏 发膜 睫毛基底液 护发喷雾	定型摩丝/发胶 染发剂 烫发剂 睫毛液（膏） 生（育）发剂 脱毛剂 发蜡 发用啫喱水 发用漂浅剂 定型啫喱膏
指（趾）甲	洗甲液	护甲水（霜） 指甲硬化剂 指甲护理油	指甲油 水性指甲油
口唇	唇部卸妆液	润唇膏 润唇啫喱 护唇液（油）	唇膏 唇彩 唇线笔 唇油 唇釉 染唇液

注：本表产品名称只是举例，难以穷尽目前市面上所有产品。

3. 按其他方式分类

除了上述两种分类方式外，化妆品还可以按照酸碱性和外观形态进行分类。

1）按酸碱性分类

根据化妆品的酸碱性不同，化妆品可分为酸性化妆品、碱性化妆品、中性化妆品。具体化妆品按酸碱性分类举例见表2-2所列。

表2-2　化妆品按酸碱性分类举例

类 别	化妆品举例
酸性化妆品	收敛性化妆水
碱性化妆品	香皂、洗面奶
中性化妆品	温和型化妆水

2）按外观形态分类

根据化妆品的外观形态不同，化妆品可分为水剂类化妆品、油剂类化妆品、乳剂类化妆品、膏霜类化妆品、粉状类化妆品、凝胶类化妆品。化妆品按外观形态分类举例如表2-3所示。

表 2-3　化妆品按外观形态分类举例

类　别	化妆品举例
水剂类化妆品	化妆水、香水
油剂类化妆品	防晒油、卸妆油
乳剂类化妆品	润肤乳、精华乳
膏霜类化妆品	护手霜、雪花膏
粉状类化妆品	散粉、蜜粉
凝胶类化妆品	洁面凝胶、凝胶眼霜

二、常用的化妆品

下面将简单介绍一些常用的化妆品。

扫一扫

清洁类化妆品

1. 清洁类化妆品

清洁类化妆品具有去除污垢、洁净皮肤的功能。在正常情况下，皮肤表面会附着皮肤分泌的皮脂和汗液、死亡和剥落的皮肤表皮细胞及残留的美容化妆品，这三者共同形成了皮肤表面的污垢。这些污垢如果不及时清理，就会堵塞毛孔，影响皮肤正常的新陈代谢，使皮肤处于亚健康的状态。正确地使用清洁类化妆品可以帮助皮肤去除污垢，让皮肤保持正常的生理状态。

1）洁面乳

洁面乳是一种性质温和的乳化状清洁剂，有着良好的清洁效果。不同的肤质可以选择不同类型的洁面乳，如干性皮肤适合含油脂较多的滋润、营养型洁面乳；油性皮肤适合含有维生素 C、柠檬酸、收敛剂的洁面乳；敏感性皮肤适合不含色素的维生素 E 洁面乳。

主要成分：水、油脂、表面活性剂、营养添加剂、香精和防腐剂等。

功　　效：清除皮肤表面污垢，并在皮肤上留下一层滋润膜，使皮肤细腻光滑。应当注意的是，洁面乳对彩妆的去污效果不强，不能完全卸除面部彩妆。

使用方法：取适量于手心加水揉出泡沫，均匀涂抹于面部并轻揉至皮肤干净，用温水洗净即可。

●●●●●●●●●●●●●●●●●●●● 洁面乳

2）清洁霜

清洁霜是一种乳化状清洁剂，有溶解水溶性污垢和乳化脂溶性污垢的能力，可用于化妆后的卸妆，适用于各种类型的皮肤。

主要成分： 矿物油、乳化剂、白油、蜂蜡、香精、电离子水和防腐
剂等。

功　　效： 能够把污垢全部溶于清洁霜内，还能彻底清除毛孔内多
余的皮脂；对皮肤的刺激性小，使用后能在皮肤表面留
下一层滋润性油膜，对皮肤有良好的保护作用。

使用方法： 用放有适量清洁霜的棉片或洁面巾，轻轻地擦拭眼部和
其他化妆部位，然后擦拭整个面部，最后用清水洗净。

•••••••••••••••••••••• 清洁霜

3）磨砂膏

　　磨砂膏是一种含有微小颗粒的、能清除老化角质层细胞的膏状洁肤品，适用于中性、油性及混合性皮
肤。磨砂膏所含的矿物质或植物小颗粒在皮肤上摩擦后，不仅能除去皮肤表面的污垢，而且能使老化的鳞
状上皮组织脱落。需要注意的是，为了保护受损的皮肤，粉刺炎症期间最好不要使用磨砂膏。

化妆品的那点事儿

有些洗面奶，在乳化体中增添了微小颗粒，从而在具备洁面
效果的同时具有摩擦效果，这种洗面奶称为磨砂型洗面奶。

主要成分： 各种米壳粉、果壳粉、骨粉、碳酸钙及矿物质粉，以及
白油、羊毛脂、蜂蜡等。

功　　效： 轻度淡化皮肤色素，促进血液循环和皮肤对营养的吸
收，使皮肤清洁、健康、光滑、柔润。

使用方法： 先用蒸气蒸面，使表皮软化，再根据皮肤的性质及部位
采用不同的磨面方式。需要注意的是，磨砂膏不能涂抹
在眼部，以防止微粒流入眼中；磨面时，不可用力过度，
以没有痛感为宜。

磨砂膏 ••••••••••••••••

4）去死皮膏/液

　　去死皮膏/液是一种能有效去除老化角质细胞的清洁品，对皮肤的刺激作用小于磨砂膏，可以软化和
剥蚀皮肤上老化的角质细胞。其主要成分为酸性海藻胶、润滑油脂和胶合剂等，其中酸性物质可以使角质
细胞溶解。当搓掉或除去去死皮膏/液时，可以把被溶解的角质细胞一起带下来，起到净化皮肤的作用。

使用方法： 先将皮肤清洁干净，然后将膏体均匀涂敷在面部，保持5～8分钟后，将其搓掉并用水冲洗干净即可。

适用情况： 适用于色斑皮肤及油脂分泌过多的皮肤。

去死皮膏 ●●●●●●●●●●●●●●●●●●●●●●●●●●●●●●

使用方法： 使用时，取一张棉片，用去死皮液浸湿，敷在面部，露出眼睛、鼻子、唇部，保持3～5分钟，再将其洗掉即可。

适用情况： 适用于暗疮皮肤和干性皮肤。

●●●●●●●●●●●●●●●●●●●●●●●●●● 去死皮液

5）香皂

香皂是每个家庭都普遍使用的一种传统清洁品，一般为固体块状。

主要成分： 脂肪酸钠、水、香精、甘油等。

功　　效： 具有较强的去污杀菌作用，能够彻底清除皮肤上的污垢，但其碱性成分会破坏表皮的水分和油脂，使用后皮肤会产生紧绷感。

使用方法： 先将皮肤浸湿，再将香皂蘸水涂于掌心，揉搓产生泡沫后涂抹于面部，轻揉至皮肤干净，最后用温水冲洗即可。

香皂 ●●●●●●●●●●●●●●●●●●●●●●●●●

6）卸妆油/液

卸妆油/液是一种可以有效去除美妆残留的清洁品。其中，卸妆油的主要成分为植物油、矿物油、乳化剂等，而卸妆液主要由甘油、乙醇、表面活性剂等成分构成。虽然，卸妆油和卸妆液的主要成分不同，但二者有着相同的功效和使用方法。

功　　效：能够清洁面部皮肤，彻底洗去面部的化妆
品和污垢；使用后表皮会存有一层保护膜，
使皮肤润泽。

使用方法：用放有适量卸妆油/液的棉片或洁面巾擦拭
面部化妆部位，如眼睑、眉毛、唇部等，然
后用水冲洗干净即可。

●●●●●●●●●●●●●●●●●●●●●●●→ 卸妆油

●●●●●●●●●●●●●●●●●●●●●●●→ 卸妆液

课堂讨论

你使用过哪些清洁类化妆品？都是根据什么挑选的呢？

2. 护理类化妆品

护理类化妆品是保养、护理、改善皮肤状态的一类化妆品。这类化妆品的特点
是能使皮肤免受或少受自然界的刺激，防止化学物质、金属离子等对皮肤的侵蚀，
有补充皮肤所需的水分及营养，延缓衰老，增强皮肤新陈代谢的功能，能使皮肤滋
润、光亮，富有弹性。

扫一扫

护肤类化妆品

1）润肤霜

润肤霜是一种具有保护和滋润皮肤功效的护肤品，其质地有油性和水性两种。根据使用时间不同，润
肤霜可分为日霜、晚霜和营养霜。日霜在白天涂抹，能够起到护肤和防晒的作用；晚霜在晚间使用，可以
起到修复肌肤的作用；营养霜可以全天使用，滋润肌肤。

主要成分：维生素 A、维生素 D、维生素 E、水解蛋白、蜂王浆、
貂油、卵磷脂、白油、润肤剂、调湿剂、柔软剂等。

功　　效：为皮肤补充水分、油脂及营养成分，防止表皮水分蒸
发，使皮肤滋润、柔软。

使用方法：取适量涂抹于面部，轻揉至皮肤吸收。

●●●●●●●●●●●●●●●●●●●●●●●→ 润肤霜

2）乳液

乳液是一种略带油性的液态霜，如 SOD 蜜、杏仁蜜等，适合各年龄段人群在各个季节使用。乳液外观为液体，性质介于化妆水和润肤霜之间。不同肤质可以根据早晚时间的不同，选择不同质地的乳液。

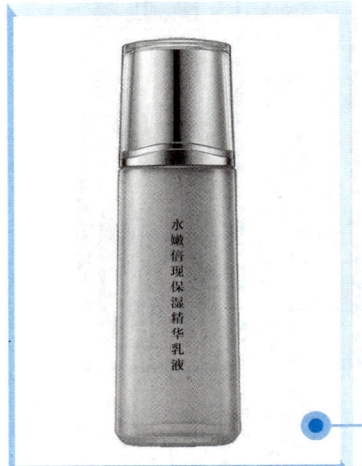

主要成分：蜂蜡、白油、羊毛醇、硼砂、水、香精、营养剂、抗氧化剂、防腐剂等。

功　　效：油脂含量小，水分含量大，具有较强的渗透性，易被皮肤吸收；具有自然保湿、清爽、滋润、柔软的功能。

使用方法：用指腹的力量，从脸的中央轻轻向外按摩推开；肌肤特别疲劳时，可加大使用量。

乳液 ●●●●●●●●●●●●●●●●●●●●●

3）精华素

精华素是由添加在一般美容护肤品中的精华物质（即有效成分）单独提炼而成的一种具有更高美容功效的护肤品。精华素种类较多，不同类型的精华素适合的肤质各有不同。例如，维生素 E 精华素或植物蛋白精华素可以增强皮肤的弹性，适合中性皮肤和干性皮肤；芦荟精华素、果酸精华素及平衡油脂的精华素适合油性皮肤，可以收缩毛孔，调节、平衡皮脂分泌；胶原精华素可以强化胶原蛋白和弹力蛋白结构，而祛皱精华可以去除皱纹，补充油分和水分的不足，二者均适合衰老性皮肤；祛斑精华素可以抑制色斑的形成，适合色斑皮肤。

主要成分：动物精华、植物精华、矿物精华、生物精华等。

功　　效：为皮肤提供所需的蛋白质、骨胶原、维生素和活细胞素；增强皮肤细胞活力，促使皮肤细胞生长，改善皮肤不良状态，减少皱纹，淡化色素；调节与平衡皮肤的酸碱度，延缓皮肤衰老，补充皮肤天然调湿因子和水分。

使用方法：在洗净的面部涂抹适量的精华素，并轻轻地按摩，直至精华素被皮肤完全地吸收。

●●●●●●●●●●●●●●●●●●●●● 精华素

4）护肤水

护肤水是净面后拍搽于面部的护肤品，能够滋润皮肤，补充皮肤的水分和油分，使皮肤柔软、润泽。此外，护肤水还有清洁皮肤、调节皮肤酸碱度的功效，以及收敛皮肤毛孔、使皮肤细腻、抑制油脂分泌、防止粉刺形成的作用。护肤水可以分为收缩水、平衡化妆水、爽肤水和营养液四种。其中，收缩水还可按

收缩程度分为一般收缩水和强力收缩水。

主要成分： 一般收缩水的主要成分有氯化铝、丙二醇、甘油、乙醇、电离子水等；强力收缩水的主要成分有樟脑萃取物、柠檬酸、酒石酸、乳酸、芦荟萃取物等。

功　　效： 收缩毛孔，使皮肤细腻，保持角质层的水分。

适用情况： 一般收缩水适用于各种皮肤，强力收缩水适用于油性皮肤、暗疮皮肤。

收缩水

主要成分： 土茯苓、甘草、氨基酸、氢氧化钠、樟脑萃取物、金缕梅萃取物等。

功　　效： 在给肌肤补充充足的水分和养分的同时，促进人体自身对皮脂的调理，从而达到平衡状态。

适用情况： 适用于中性、混合性、油性、敏感性皮肤。

平衡化妆水

主要成分： 多元醇、天然植物萃取物、甘油、丙二醇、电离子水等。

功　　效： 滋润皮肤，补充皮肤的水分和油分，使皮肤柔软、润泽。

适用情况： 适用于各种类型的皮肤。

爽肤水

主要成分：珍珠水解液、氨基酸、氧化锌、甘油等。

功　　效：补充皮肤的水分和营养，具有较强的保湿功能，使皮肤滋润、舒展。

适用情况：适用于干性皮肤和衰老性皮肤。

营养液 •

5）冷霜

冷霜又称"香脂"，是强油性护肤品，有良好的润肤、护肤效果，比较适合干性皮肤使用。

主要成分：石蜡、凡士林油、高碳脂肪酸、动物与植物油脂等，油脂的含量多在 50% 以上。

功　　效：含有丰富的油脂和蜡，用后皮肤非常光滑，待其水分蒸发后能在皮肤上形成一层膜，补充皮肤油脂，防止皮肤干燥。

使用方法：取适量冷霜均匀涂抹于干燥的面部，略厚一些，用手指轻揉绕圈按摩 1 分钟。

• 冷霜

6）按摩膏

按摩膏是按摩皮肤时使用的护肤品，具有良好的延展性和润滑性。按摩膏可以分为营养按摩膏、按摩乳、樟脑按摩膏三类。其中，营养按摩膏适用于普通皮肤；按摩乳适用于干性皮肤；樟脑按摩膏有降低皮脂和收敛毛孔的功效，适用于油性皮肤。

主要成分：白油、蜂蜡、羊毛脂、卵磷脂、羊毛醇、乳化剂、抗氧剂等。

功　　效：能起到润滑皮肤、减少摩擦、促进血液循环、保护皮肤的作用。

使用方法：将按摩膏涂在皮肤局部，可以利用电动按摩器按摩皮肤，也可以用人工按摩手法进行按摩。

按摩膏 • • • • • • • • • • • • • • • • • • •

7）防晒霜（油、液）

防晒霜（油、液）是防止紫外线伤害皮肤的护肤品。防晒霜既能滋润肌肤又具有防晒的功效，适用于各种类型的皮肤；防晒油油性较大，适用于干性皮肤；防晒液敷在皮肤上没有油腻感，适用于油性皮肤。

主要成分： 水杨酸酯、羊毛脂、橄榄油、液状石蜡、氧化锌等。

功　　效： 对紫外线有一定的吸收和散射功能，能有效地防止紫外线对皮肤的伤害。

使用方法： 在洁面之后，涂粉底霜之前，涂抹在外露的皮肤（如胳膊、脖颈、腿和脸）上；如果皮肤出了大量的汗或被擦掉后应再次涂抹，一般 2 小时涂抹一次。

● **防晒霜**

8）面膜

面膜是一种集清洁、保养、治疗等多种功能于一身的综合性护肤品，不宜使用得太过频繁，每周2～3次为宜。敏感性皮肤和暴晒过的皮肤，需谨慎使用面膜。

主要成分： 优质黏土、白瓷土、小麦粉、淀粉等粉末和能够形成皮膜的水溶性高分子，以及各种中药、营养添加剂等。

功　　效： 通过短时间封闭毛孔，保温保湿，加速皮下血液循环，促进皮肤细胞充分吸收养料，以此达到清洁、保养和治疗的效果。

使用方法： 清洁面部后，将面膜涂敷在面部皮肤上。

面膜 ●

课堂讨论

不同的季节下，你都用过哪些护肤类化妆品？将你觉得适合的护肤类化妆品推荐给身边的小伙伴吧！

3. 美容/修饰类化妆品

美容/修饰类化妆品是美化、修饰、改变皮肤外观的一类化妆品。这类化妆品可以细分为改善人体气味的芳香类化妆品（如，香水等）和改善人体外观的彩妆类化妆品（如，口红、粉底、腮红、指甲油等）。

1）香水

香水是香料与乙醇水溶液以一定比例调和的混合物，具有芬芳浓郁的香气，适用于各类人群。

主要成分： 香料、乙醇、色素、抗氧化剂、杀菌剂、甘油、表面活性剂等。

功　效： 赋予个人身体部位或衣物以香味，带给人愉快的感觉；同时，还可以掩盖人体"残存的臭味"，让人们闻起来舒服、清爽。

使用方法： 喷洒于衣襟、手帕及发髻处，或涂抹于耳后、肘部、膝部、手腕等处。

香水 ●●●●●●●●●●●●●●●●●●●●●●●●●●

拓展阅读

香水的前调、中调和后调

香水喷洒于人体后，会在不同的时间内散发出不同的香味，也就是我们所说的香调。按照作用时间不同可将香调划分为前调、中调和后调。前调是香水最先透露的信息、直达鼻尖的味道，只能维持几分钟的时间，香味较浓，但会随着时间的流逝而沉淀，变得柔和。中调是香水表现得最突出的味道，一般持续1～7小时，是一款香水的精华所在。中调气味无论清新或浓郁，都必须与前调完美衔接。后调也就是我们通常所说的"余香"，持续时间可达一整日乃至数日之久，它不仅仅散发香味，更兼具整合香味的功能。

扫一扫

香水类化妆品

2）口红

口红是唇用美容化妆品的一种，包括唇膏、唇棒、唇彩、唇釉等，适合需要为唇部着色的人群使用。

主要成分： 油、蜡、软化剂，棕榈蜡、蜜蜡、蓖麻油、羊毛脂、可可脂、液状石蜡、橄榄油、软化剂、着色剂、香精等。

功　效： 让唇部红润有光泽，赋予嘴唇以不同色调，强调或改变两唇的轮廓，使人显得更有生气和活力。

使用方法： 把嘴唇洗干净后，先从上嘴唇的两边嘴角向唇中涂，再从下嘴唇的两边嘴角向唇中涂；涂完外侧后，逐步涂向内侧，直到全部涂满。

口红 ●●●●●●●●●●●●●●●●●●●●●●●●●●

3）粉底

粉底液是施用于整个面部，起到修饰和遮盖作用的一种美容化妆品。一般来说，亚洲人的肤色比较适合黄色粉底，这种颜色的粉底可以使皮肤显得更加细腻柔和。而在销售粉底的过程中，化妆品推销员应根据顾客的具体肤色为其推荐不同颜色的粉底，从而帮助顾客达到理想的修饰效果。例如，苍白的肤色搭配红色粉底，可使面颊显得红润健康；古铜色或健康肤色可搭配黄色粉底；偏黑或泛红的肤色可搭配蓝色粉底；偏红，有疤痕、雀斑的皮肤可使用绿色粉底来遮盖皮肤缺陷，从而使皮肤显得白皙细腻；偏黄或灰暗的皮肤可搭配紫色粉底，从而使脸色柔和、靓丽、富有生机；扁平，立体感不太强的面部可搭配白色粉底，从而达到提亮脸部 T 区，丰富面部线条的效果。

扫一扫

彩妆类化妆品

主要成分： 凡士林、液状石蜡、羊毛脂及其衍生物、植物油、硅油等油性原料，乙醇、甘油、丙二醇等水性原料及表面活性剂，滑石粉、钛白粉、金属皂等粉体原料及颜料、染料等。

功　　效： 对面部进行肤色补正、修正质感、遮盖皮肤上的雀斑和肝斑等色素沉着，改善皮肤的粗糙感；散射紫外线，防止过量的紫外线对皮肤的伤害。

使用方法： 日常护肤后，取少量均匀涂抹于面颊、鼻子、额头、下颚等部位，然后用海绵均匀拍打整个面部以提高粉底的附着力。

粉底

4）腮红

腮红是指涂敷于面颊颧骨部位，遮盖力比粉底弱、色调较粉底深的化妆品。其颜色通常为红色，也有适应不同修容需求的褐色、蓝色、古铜色和米色等。根据皮肤色调的不同，选择的腮红色系也略有不同，如冷色调皮肤适合用粉色腮红，暖色调皮肤适合用橘色腮红。肤色越白，适用的腮红颜色也越浅。

主要成分： 滑石粉、碳酸钙、高岭土、氧化锌、二氧化钛、硬脂酸锌、硬脂酸镁、色素、胶合剂（如，羧甲基纤维素、羊毛脂矿物油）等。

功　　效： 赋予皮肤不同的色彩，使皮肤呈现健康红润的气色，以及突出面部轮廓感。

使用方法： 轻点于双颊，用手指或海绵拍打或涂抹均匀。

腮红

5）指甲油

指甲油是用来修饰和增加指甲美观的化妆品，含有微量的有害元素，孕妇、儿童不宜使用。

主要成分： 色素、闪光物质、丙酮、乙酸乙酯、邻苯二甲酸酯、甲醛等。

功　　效： 在指甲表面形成一层耐摩擦的薄膜，起到保护、美化指甲的作用。

使用方法： 涂指甲油前，须摇晃指甲油，尽量使瓶内的色彩调和均匀；上指甲油时，应将刷毛在瓶口轻轻拭过并调整平顺，并避免刷毛黏附过多的指甲油。

指甲油

课堂讨论

你都使用过哪些美容/修饰类化妆品？你知道自己适合什么颜色的粉底或腮红吗？

---

4. 特殊用途化妆品

1）粉刺霜

粉刺霜主要用于美化、缓和粉刺皮肤或暗疮皮肤。

扫一扫

特殊化妆品和非特殊化妆品

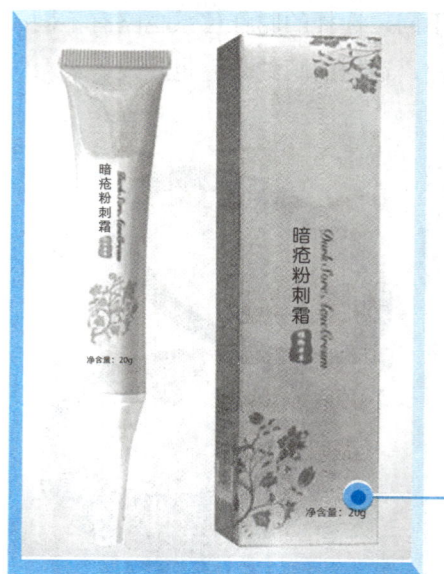

主要成分： 樟脑萃取物、维生素 B_2、维生素 B_6、阿拉伯树胶、甘草酸二钾、胶体状硫黄、氢氧化钙等。

功　　效： 主要通过药物抑制皮脂腺的过量分泌，调节皮肤的生理机能，杀菌消炎，使皮脂分泌趋向正常。

使用方法： 在清洁皮肤后，将粉刺霜涂于患处；涂上膏霜的皮肤易受污染，所以每日可涂3～4次。

粉刺霜

2）祛斑霜

祛斑霜中加入了适量的药物成分，既能保养皮肤，又能抑制黑色素的形成，淡化色斑，还可以起到防晒的作用，适用于面部长有雀斑、黄褐斑的皮肤。

主要成分： 硬脂酸、十八醇、甘油、二氧化钛、水杨酸苯脂等。

功　　效： 通过避免紫外线的照射，降低色素的氧化程度、减少黑色素的形成，从而起到淡化色斑、增白皮肤的作用。

使用方法： 将祛斑霜重点涂抹于患处，轻轻按摩，以助于皮肤对其吸收，每日 2～3 次。

祛斑霜

3）止汗露

止汗露主要用于汗液分泌物旺盛并带有异味的部位，能够抑制汗腺分泌过盛，间接地防止汗臭。

止汗露

主要成分： 含有大量的收敛剂，少量的润湿剂、香精、乳化分散剂或乙醇溶液。

功　　效： 具有较强的收敛作用，能使皮肤表面的汗腺口收缩，阻塞汗液的流通，从而抑制或减少汗液的过量分泌。

使用方法： 将止汗露涂敷在汗腺分泌旺盛的部位；使用数小时之后，止汗露的效能会降低，应重新涂抹。

4）狐臭露

狐臭露是一种药用性质的祛除体臭的化妆品，具有止汗杀菌的功效，一般用于狐臭患者。

主要成分： 含有大量收敛剂和香精，此外还有滑石粉、乳化分散剂、乙醇等。

功　　效： 能抑制细菌的滋生和繁殖，抑制汗腺和皮脂腺的过量分泌，消除体臭。

使用方法： 将患处清洗干净后涂抹，每日数次。

狐臭露

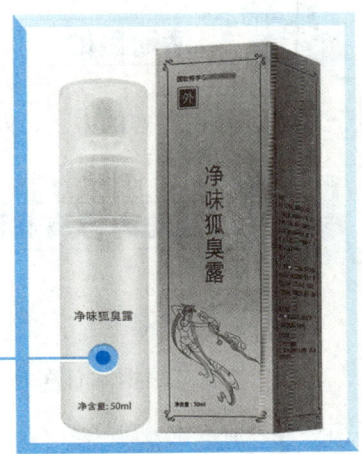

5）健美霜

健美霜又称苗条霜，是一种有助于体形健美的化妆品，可用于腹部、臀部、大腿等脂肪厚实的部位。

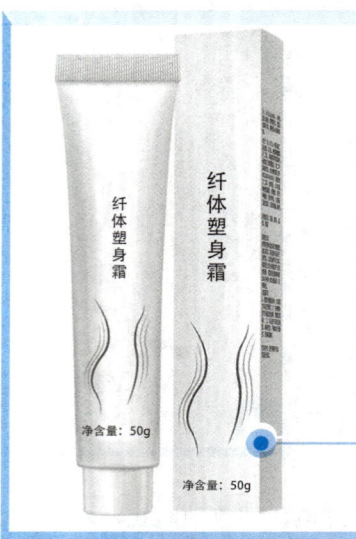

主要成分： 橄榄油、硼酸钠、游离脂肪酸、激素类药物等。

功　　效： 能够渗透于皮下，参与脂肪代谢，抑制脂肪合成，加快体内脂肪的分解，从而达到抑制肥胖、塑身的目的，可通过按摩加速药物吸收。

使用方法： 涂于脂肪厚实的部位（如，腹部、臀部、背部、大腿等处）即可。

健美霜

在生活中，部分常用化妆品，如健美霜，即使是正规厂家生产、质量完好，也不能过度地使用，否则会对人体造成一定的伤害。

据调查，大量地、长时间地使用健美霜容易诱发内分泌失调及肠胃类疾病。因此，化妆品推销员在推销化妆品时，不仅要谨慎地帮助顾客挑选化妆品，还要提醒顾客合理地使用，避免出现健康问题。

任务实施 1——知识竞赛

活动目的

通过知识竞赛的方式，帮助学生记忆本任务所学内容。

活动内容及流程

1. 前期准备

① 老师可根据本任务所讲的 24 种常用化妆品制作一个抽签桶，并参考表 2-4 中的提问要点制作一个知识大转盘。

表2-4　知识大转盘的内容举例

题　号	知识点	分　值
1	化妆品所属类别	2
2	化妆品的适用情况	3
3	化妆品的主要成分（回答三个即可）	3
4	化妆品的使用方法	5
5	化妆品的功效	5

② 全班学生分为4组，每组选出1名负责人，小组负责人带领组员温习本任务所学内容。此外，小组负责人还负责维持组内秩序。

2. 活动流程

① 各小组负责人依次抽签决定小组要回答关于哪一种化妆品的问题，然后摇动转盘确定要回答该种类化妆品的具体问题。

② 小组负责人组织组员回答问题，所得分数由老师评定。

③ 老师按表2-5给各小组进行打分，并统计各小组总得分。

表2-5　评　分　表

小　组	答题得分	答题表述流畅情况（10分）	小组成员协作情况（10分）	其　他（10分）	合　计
第1小组					
第2小组					
第3小组					
第4小组					

④ 老师将各小组按照最终得分的高低进行排名，并根据情况设置活动奖品。

任务实施2——模拟销售

活动目的

通过模拟销售的方式，让学生具备应用本任务所学内容的能力。

活动内容及流程

1. 前期准备

① 老师选择5名学生扮演顾客，其余学生2～4人组成一个销售团队。

② 扮演顾客的学生参考表 2-6 挑选自己的身份。

表 2-6　顾客身份参考

序　号	顾客身份
1	油性皮肤的丰满女性
2	经常化妆的年轻女性
3	皮肤有暗疮、色斑，带有体味的中年男性
4	年逾六十的老奶奶
5	想要变白的室外工作者

③ 每个销售团队在任务实施 1 的签筒中抽取 10 种化妆品作为要推销的商品。

2. 活动流程

① 各销售团队寻找顾客，并向顾客推销合适的商品。

② 顾客根据所选择的身份，寻找适合自己的商品。

③ 顾客和销售团队达成一致意见后，双方一起向老师汇报选择对方的原因。（顾客和销售团队要分别进行陈述。）

④ 商品交易完成后，顾客可再次寻找适合自己的商品，销售团队可再次寻找目标顾客。

⑤ 同一商品可以同时卖给多位顾客，但顾客不可重复购买同一商品。

⑥ 老师根据销售团队（或顾客）的陈述内容，从功效介绍、使用方法介绍、产品与顾客的匹配度三个方面进行打分。其中，功效介绍和使用方法各 5 分，产品与顾客匹配度 10 分，总分 20 分。

⑦ 销售团队（或顾客）每成交一次，老师需对其进行一次打分，销售团队（或顾客）最终得分为每次得分累加之和。得分最高的销售团队（或顾客）为获胜者。

任务二

鉴别与保管化妆品

任务目标

知识目标

① 熟悉化妆品的标签鉴别方法。
② 熟悉化妆品的性状鉴别方法。
③ 掌握化妆品的保管方法。

素质目标

① 具备判断化妆品能否向顾客销售的能力。
② 具备一定的团队合作意识。

任务引入——美白祛痘化妆品

虽然，已经过了青春期，但是付女士一直深受痘痘问题的困扰。经好友介绍，付女士来到了一家美容院，并在美容师的推荐下购买了一套价值不菲的美白祛痘套装，其中包括洗面奶、美白护肤精华露、控痘爽肤水、净白无瑕焕颜霜及祛痘印霜。

在使用几次后，付女士的痘痘问题得到了显著的改善，但是付女士的身体却出现了不适。起初，付女士全身水肿，去医院检查却没有发现问题。一个月后，仍旧身体不适的付女士又到中医院检查，医生发现付女士患上了汞中毒引起的肾病。不久后，付女士突发昏迷，被送入 ICU 抢救了半个月。经调查发现，付女士购买的化妆品有严重的汞超标问题，为非法灌装产品。使用这样的化妆品势必会导致健康问题，甚至危害付女士的生命。

确保推销的化妆品没有质量问题是化妆品推销员的责任和义务，请大家想一想有什么方法可以判断化妆品质量是否合格。

知识准备

人们在使用化妆品达到时尚、美观的目的的同时，往往容易忽略使用化妆品的安全问题。化妆品是化工合成品，一些非法小作坊、非正规企业生产的假冒伪劣化妆品质量不过关，使用这类产品会危害人体健康。而且即使是合格的化妆品，如果保存不当，也很容易变质，影响使用者的健康。因此，化妆品推销员应当掌握化妆品的鉴别和保管方法，才能为顾客提供优良的产品。

一、化妆品的鉴别方法

扫一扫

化妆品备案

为了保证产品质量，化妆品推销员需要了解一定的化妆品鉴别方法，保证向顾客推销的化妆品没有质量问题，从而确保营销活动长久顺利地进行。

1. 化妆品包装鉴别

一般来说，正规厂家生产的化妆品会在其包装上印有规范的产品信息，化妆品推销员可以根据产品信息内容来判断化妆品来源是否正规。另外，化妆品推销员也可以根据品牌化妆品的包装工艺来辨别真伪。

1）产品信息内容鉴别

化妆品的生产由国家严格把控，正规企业生产合格的化妆品，其外包装上会有规范的产品信息。化妆品推销员要具备鉴别产品信息的能力，从而确保出售的化妆品符合销售标准。化妆品推销员在鉴别产品信息时，应注意以下内容。

① 化妆品的名称应标注在销售包装展示面的显著位置，反映化妆品的真实属性，要简明易懂。

② 化妆品标签上应标注经依法登记注册，并承担化妆品质量责任的生产者名称和地址。进口化妆品可以不标注生产者的名称和地址，但要标注原产国或地区的名称和在中国依法登记注册的代理商、进口商或经销商的名称和地址。

③ 化妆品的净含量应标注在化妆品销售包装的展示面或可视面上。

④ 在化妆品销售包装的可视面上应真实地按加入量的降序标注出化妆品全部成分的名称。

⑤ 化妆品的保质期可以按"生产日期和保质期"或"生产批号和限期使用日期"两种方式标注。

⑥ 化妆品标签内应标注企业的生产许可证号、卫生许可证号和产品标准号，其中产品标准号可以不标注年代号。没有实行生产许可证和（或）卫生许可证的产品不需标注生产许可证号和（或）卫生许可证号。

⑦ 进口非特殊用途化妆品应标注进口化妆品卫生许可备案文号。

⑧ 特殊用途化妆品应标注特殊用途化妆品批准文号。

⑨ 凡国家有关法律和法规有要求，或根据化妆品特点需要时，应在化妆品销售包装的可视面上标注安全警告用语。

化妆品的那点事儿

当化妆品销售包装无法标注全部产品信息时，可以适当缩小字体，或将产品信息印在与销售包装外面相连的小册子或纸带或卡片上，或者将产品信息印在销售包装内放置的说明书上。

2）包装工艺鉴别

化妆品推销员在拿到化妆品后，可以根据化妆品包装的工艺简单地判断化妆品的真伪。具体有以下六种方法。

真假品牌化妆品辨别

① 大多数正规化妆品在正常情况下的味道很淡、很自然，香味雅致、绵绵悠长、淡雅清新，给人以心旷神怡的享受；而仿品的味道就比较浓、比较香，有一种劣质香水的味道。

② 正规化妆品包装上的印刷或突起都很精致美观，而仿货则会有边缘不整齐的现象。如图 2-1 所示，××持妆丝绒散粉的包装盒上有突起的玫瑰图案，而假冒的产品则很难做出一样的突起。

图 2-1   ××包装盒

③ 膏状体化妆品的塑胶软管包装上的封尾条纹一般比较均衡清晰，而仿品则参差不齐。如图 2-2 所示，左侧的封尾条纹明显做工一般、大小不一，而右侧的封尾条纹则很整齐。

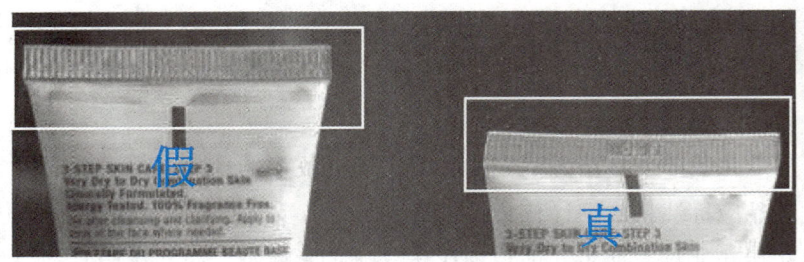

图 2-2   真假化妆品的包装封尾条纹

④ 类似于洗面奶这种取用时需要挤压的化妆品，如果其包装较为膨胀，则有很大的概率是仿品。如图 2-3 所示，左侧洗面奶的管体中好像灌满了空气，鼓起的管体很明显是用劣质的胶状材料制成的；而右侧洗面奶的管体稍有凹陷，是正常情况。

图 2-3   真假洗面奶的管体

⑤ 很多时候仿品为了节省成本，其开口封口的地方会用泡沫代替。如图 2-4 所示，正品的包装封口锡纸反光非常好，整个封口都非常结实，基本闻不到内部化妆品的味道；而仿品的包装封口处只有一块泡沫，看起来十分粗糙。

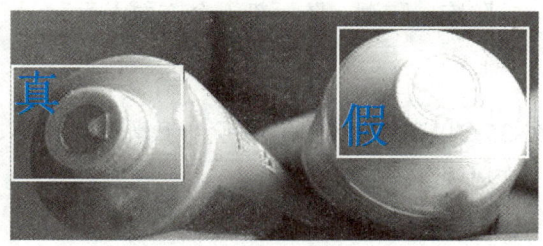

图 2-4　真假化妆品的封口工艺

⑥ 防伪码、防伪电话、CIQ 证书等可以辅助判断化妆品的真假。

总之，化妆品推销员在向顾客销售化妆品时，需要先检查化妆品包装上的产品信息是否规范完整、包装工艺是否精良，在确保化妆品的包装符合要求且完好无损后，再进行售卖，以免因销售不合格的化妆品而引发不必要的纠纷。

2. 化妆品性状鉴别

化妆品推销员不仅要确保推销的化妆品来源正规，更要确保化妆品质量完好。化妆品内含有丰富的营养物质，如果保存不当是很容易变质的。变质化妆品的性状与质量良好的化妆品的性状有着很大的差别。通过观察化妆品的性状，化妆品推销员可以快速地确认化妆品能否向顾客销售。各类化妆品具体的性状见表 2-7 所列。

表 2-7　各类化妆品的性状举例

名　称	正常状态	变质状态
洗面奶	成流动性乳体，细腻，涂抹时不起泡沫，清洁后有滋润感	乳体出现絮状水油分离现象
磨砂膏	沙粒均匀而圆滑，涂抹时没有特殊滑感，膏体润滑，味清淡	膏体出水或变色，颗粒不均匀
按摩膏	质地细腻，长时间涂抹保持润滑	膏体出现霉斑及水油分离，使用时手感不滑爽，有油腻感
化妆水	液体浅色透明，味清淡，摇动后泡沫较短时间内消失，使用后皮肤润泽	颜色浑浊，有沉淀物
润肤霜	质地细腻，涂抹后皮肤滋润，用手触摸柔软，没有油腻感	膏体变散，香气不纯正，有异味、变色或出霉斑
冷霜	霜体紧密细腻，味清淡，涂敷后皮肤润滑、细腻、有光泽	最突出的现象是水油分离，同时还伴有变色、变硬、变味等现象
雪花膏	膏体细腻，味清淡，涂敷后皮肤舒展、自然、透气性强	香气不纯正，有异味，膏体出水、变色、干缩或出现霉点
乳液	味清淡，质地细腻，涂敷在皮肤上很快渗透，清新滋润	乳液有泄、散现象，稠度不够，有异味或出现絮状

二、化妆品的保管方法

妥善保管化妆品是保证化妆品品质良好的前提，要想长时间保存化妆品，化妆品推销员需要从防热、防晒、防冻、防潮、防污染五个方面入手。

扫一扫

化妆品的保管方法

1. 防热

化妆品的保存温度应控制在 35℃以下。过高的温度会导致乳化体破坏、脂水分离，使粉膏类化妆品干缩，变质失效。

2. 防晒

化妆品应该避免光线直接照射。强烈的光照不仅会使化妆品升温，光中的紫外线还会加速油脂和香料的氧化，缩短化妆品的保质期。

3. 防冻

化妆品要避免存放在温度过低的区域。温度过低会使化妆品中的水分结冰，乳化体遭到破坏。而且化妆品恢复室温融化后，材质会变粗变散，质感变差，从而对皮肤产生刺激，失去效用。

4. 防潮

化妆品存放区域的空气湿度不宜过高。潮湿环境下的化妆品更易滋长微生物，从而加快化妆品中的细菌繁殖，引发变质。

5. 防污染

取用化妆品时，要注意不要混入杂质或微生物。杂质或微生物的混入会促使化妆品氧化或细菌繁殖，加速化妆品的变质。大包装的化妆品使用时间较长，更易滋生细菌或被杂质污染。对于需要经常取用的大包装化妆品，可以选择将其分装在容积较小的器具中，先取用一小部分，其他部分继续封存，以便长久使用。

化妆品的那点事儿

取用膏霜类化妆品时，需要使用消毒化妆棒，在膏体表面盛取。盛取后的化妆品要密封保存，避免污染，防止氧化或细菌繁殖。

总之，化妆品推销员不仅要在适宜的温度、空气湿度下保存化妆品，更要注意避免阳光直射化妆品；取用化妆品时，还要尽量避免污染化妆品内部，从而确保化妆品的长久有效。

课堂讨论

在日常生活中，你使用的化妆品都有哪些？是如何保存的？

任务实施——化妆品大转盘

 任务要求

① 每名学生收集 1 个化妆品，并统一交给老师保管。

② 将学生分组，每组 4～6 人，各组选出 1 名小组负责人。

③ 每组各派 1 人随机抽取 5 个化妆品，小组负责人带领组员根据化妆品外观和性状判断该化妆品能否继续使用。

④ 每组将分析结果制成 PPT，并派 1 名代表在课堂上进行讲解。

⑤ 讲解时，其他组可以进行提问或点评，讲解人或本组其他成员应对提出的问题予以解答。

任务评价

老师按表 2-8 给各小组打分，并进行总结。

表 2-8 评 分 表

评分标准	满 分	实际得分	备 注
积极参与活动	20		
分析正确	40		
保存建议合理	20		
正确解答其他组提出的问题	20		
合计	100		

★ ★ ★ ★ ★

项目学习效果综合测评

一、判断题

1. 化妆品可分别按照产品功能、使用部位、酸碱度、外观形态分类。　　（　　）

2. 根据国家标准，面膜属于营养类化妆品。　　（　　）

3. 化妆品可分为清洁类化妆品、护理类化妆品、美容/修饰类化妆品。　　（　　）

4．可以从化妆品的性状判断其是否符合国家标准。 （　　）

5．化妆品的标签上必须标有化妆品的保质期。 （　　）

6．化妆品的成分一定要写在盛放化妆品的容器上。 （　　）

7．一般化妆品水分、油分含量较高，容易滋生细菌。 （　　）

二、填空题

1．化妆品是指以涂抹、洒、喷或其他类似方式，施于_____任何部位（皮肤、毛发、指甲、口唇等），以达到清洁、芳香、改变外观、修正人体气味、保养、保持良好状态目的的产品。

2．根据化妆品的使用部位不同，化妆品可分为_____、_____、_____、_____。

3．香皂属于_____，其主要成分为_____、_____和添加物。

4．成分表中成分名称应按_____列出。

5．乳液有泄、散现象，_____，_____或_____时不可继续使用。

6．要想长时间保存化妆品，化妆品推销员需要从_____、_____、_____、_____、_____五个方面入手。

三、综合题

搜集生活中使用的化妆品至少 5 种，根据其标签判断其所属化妆品类别，并确定其有效日期、有效成分、作用、使用方法和适用情况。

项目三

了 解 顾 客

  21 世纪以来，中国化妆品市场逐渐发展为"买方市场"，一切经营活动都围绕着顾客的购买决策过程展开。顾客的购买决策过程是一个复杂的动态发展过程，这一过程会因顾客消费心理的不同而产生不同的结果。

  营销人员需要先了解顾客不同的消费心理；然后再对顾客的购买决策过程进行分析；最后对顾客进行分类，确定产品适合的目标顾客，从而有针对性地开展化妆品推销活动。

任务一

分析顾客的消费心理

任务目标

知识目标

① 了解消费心理和消费动机的关系。
② 掌握顾客的消费动机。
③ 掌握顾客的购买态度。
④ 熟悉顾客消费心理的变化趋势。

素质目标

① 能根据顾客的消费动机、购买态度来分析顾客的购买行为。
② 具备一定的团队合作意识。

任务引入——新兴国产化妆品

近两年，在竞争激烈的彩妆市场，新锐品牌完美日记一路开挂，一举成为淘宝天猫美妆月销排行榜第 7 位的品牌，紧随其后的是纪梵希、资生堂、韩后等国际大牌，作为唯一进入榜单前十的本土品牌，完美日记是如何实现逆袭的呢？

① 完美日记与小红书上的美妆博主合作，发布产品软文，从而带动其他普通用户自发购买品牌产品，晒使用笔记。

② 完美日记通过明星在小红书上种草，得到短期、爆发式的关注和讨论，从而再次催生了许多爆款产品。

③ 完美日记在微博、抖音、哔哩哔哩（bilibili）等其他热门社交媒体渠道发布产品信息，继续提高品牌曝光度，为眼影盘、粉底、口红等新品全面引爆造势。

④ 产品交易完成后，完美日记仍不忘与顾客保持联系，不时向顾客发布一些优惠活动，促使顾客再次购买。

完美日记在国际美妆品牌已经非常成熟的情况下还能不断实现销售奇迹，关键在于抓住了顾客的消费心理。思考：上述完美日记刺激顾客购买化妆品的方法利用了顾客的哪些心理？顾客购买完美日记的消费动机都有哪些？

知识准备

作为一名合格的化妆品推销员，不仅要掌握化妆品的基本常识，还要具备分析顾客消费心理的能力。消费心理是顾客在消费过程中展现的心理特点，包含心理倾向和心理特征两个方面。消费动机属于顾客心理倾向，是顾客购买行为的主要驱动力。在不同消费动机的驱使下，顾客会产生不同的购买行为，而不同的购买行为又能够表现出顾客不同的购买态度，也就是顾客的心理特征，如图 3-1 所示。

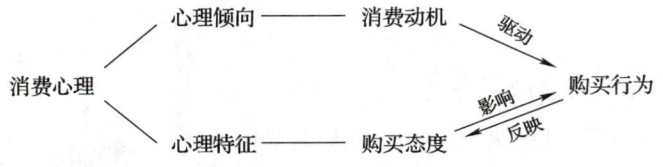

图 3-1 消费心理和购买行为之间的关联

顾客的购买行为是指顾客为满足个人和家庭生活需要，在消费动机驱使下，所进行的购买产品的活动过程，包括顾客的主观心理活动和客观物质活动两个方面。在顾客消费动机和购买态度的影响下，顾客会产生不同的主观心理活动，从而表现出不同的客观物质活动，体现出顾客不同的消费心理特点。

一、顾客的消费动机

在化妆品营销中，消费动机是指引导顾客购买某一化妆品的内部动因，它既给顾客以购买的动力，又可调整顾客的购买方向。顾客的任何购买行为都是由某种消费动机引发的。下面将介绍大众消费动机的分类及特点，并根据两性心理特点的不同，分别说明女性顾客消费动机的形成原因和男性顾客消费动机的形成原因。

1. 大众的消费动机

特定的消费动机可以驱使顾客产生特定的购买行为。但顾客的消费动机并不是单一的，不同类型的消费动机往往会错综复杂地交织在一起，按照主次的不同，同时影响着顾客的购买行为。化妆品推销员需要具体了解每一类消费动机的特点，并根据顾客的实际情况，引导顾客购买适合的化妆品。

1）求实动机

求实动机是指顾客以追求商品或服务的使用价值为主要消费目的的购物倾向。在求实动机的支配下，顾客在选择商品时，会更加重视商品的实际应用价值，要求商品物有所值，不会为商品的包装、品牌的溢出价值等非实用性功能买单。

2）求新动机

求新动机是指顾客以追求商品或服务的时尚、新奇为主要消费目的的购物倾向。在求新动机的支配下，顾客在选择商品时，会更加重视商品款式的新颖性与独特性，而商品的实用价值和性价比则成为次要因素。一般收入水平较高的人群和青年群体多数持有这样的消费动机。

3）求美动机

求美动机是指顾客以追求商品的艺术价值为主要消费目的的购物倾向。这类顾客更注重商品的颜色、款式、包装等外观因素，讲求商品的风格和个性化特征所带来的美感享受。求美动机在受教育程度较高的群体及从事文化、教育等工作的人群中是比较常见的。

4）求名动机

求名动机是指顾客以追求商品的名声、档次为主要消费目的的购买倾向。购买名牌商品，除了有彰显身份地位和表现自我的作用外，还能够帮助顾客减少购买风险，简化决策程序及节省购物时间。求名动机较常出现在一些高收入人群及大中学生群体中。

5）求廉动机

求廉动机是指顾客以追求商品或服务的性价比为主要消费目的的购买倾向。在求廉动机的驱使下，顾客选择商品时，会更多地考虑价格因素。他们通常会花费较多的体力和精力来了解和比对商品价格差异，从而选择更便宜的商品。相较于商品的价格，商品的质量、花色、款式、包装、品牌等因素不是这类顾客关注的重点。

作为容易接受新鲜事物的年轻人，大学生群体通常会具备求名动机。与此同时，又因为受到收入水平的限制，大学生群体又会具备求廉动机。因此，时常会有以下的购物情景发生。

 **案例分享**

> 小蒋是某高校的大一新生，这天她来到了学校附近的化妆品专卖店为自己挑选一套日常使用的护肤品。
>
> 推销员：您好，欢迎光临，请问有什么可以为您服务的吗？
>
> 小蒋：我想选套护肤品。
>
> 推销员：那您对护肤品有什么要求吗？现在正值开学季，很多产品都有优惠，我可以根据您的需求为您介绍。
>
> 小蒋：那先给我介绍几款促销产品吧。
>
> 推销员：现在，我们店里主要的促销产品是××品牌的基础护肤套装和美白抗初老套装，五折优惠，还有小样赠送。
>
> 小蒋：可是这个牌子我都没听说过。
>
> 推销员：××的确是新品牌，为了打响知名度，所以才会有这么大的促销力度。
>
> 小蒋：那质量不会有什么问题吧？
>
> 推销员：这点您可以放心。××品牌是国际一线化妆品公司×××公司旗下的产品，是经过严格的检验后才上市的，不会有任何质量问题。而且，购买×××公司的产品还能彰显您的实力和品位，更何况是以这么优惠的价格。
>
> 小蒋：我考虑一下。
>
> 推销员：优惠活动今天是最后一天了，如果您明天想买就不是今天的价格了。
>
> 小蒋：那给我来一套基础护肤套装吧。

6）求便动机

求便动机是指顾客以追求商品购买和使用过程中的省时、便利为主要消费目的的购买倾向。在求便动机的支配下，顾客对时间、效率等因素特别重视，对商品外在则不甚挑剔。这类顾客讨厌过长的等待、过低的销售效率，希望能够快速方便地买到商品，同时要求购买的商品便于使用。一般而言，成就感比较高、时间机会成本比较大、时间观念比较强的人，更容易产生求便动机。

7）模仿动机

模仿动机是指顾客以模仿他人的购买行为为主要消费目的的购买倾向。模仿动机的形成原因是多种多样的，有出于仰慕、钦羡和获得认同而产生的模仿动机，有出于惧怕风险而产生的模仿动机，有由于缺乏主见、随波逐流而产生的模仿动机等。模仿动机在较易受到他人影响的群体中是比较常见的。一般而言，

被模仿的对象多是社会名流或被其他人崇拜仰慕的对象。

明星通常在社会中具备很大的影响力，从而导致部分顾客会在明星的推荐下，来到化妆品店购买推荐的化妆品。

案例分享

小刘是某公司的员工，她在网上看到了某明星对××品牌护肤品的推荐，于是来到了某化妆品专卖店。

推销员：您好，欢迎光临，请问有什么可以为您服务的吗？

小刘：有××品牌的护肤品吗？

推销员：您真有眼光，××品牌是国际一线化妆品公司×××公司旗下的产品，很多的明星都在使用。这款基础护肤套装和这款抗初老套装都是今年××品牌的主打产品。

小刘：好像抗初老套装是你们网上做广告的那款吧？

推销员：是的。这款抗初老套装很多明星都在用，反响很不错。

小刘：真的有效果吗？

推销员：当然了，明星最在意自己的形象了，选择使用××品牌的套装也是对品牌的信任，不然也不会在网上为品牌做宣传呀！

小刘：那给我来一套吧。

8）好奇动机

好奇动机是顾客在面对自己不了解的事物时，因为感到新鲜特别而产生的购买倾向。人总是在面对新鲜有趣或者奇怪的事物时，自然地产生想要了解、尝试的愿望，这样的心理普遍存在于每一个人身上。每一个顾客都会本能地想要探究自己不了解的事物，因而产生好奇动机。

9）好恶动机

好恶动机是指顾客以满足个人特殊偏好为主要消费目的的购买倾向。这类动机是顾客在客观认识商品的基础上，经过仔细对比分析之后产生的消费动机。在这类动机的驱使下，顾客会因为生活习惯或个人癖好而购买商品。这类顾客在选择商品时，往往会更加理智、挑剔，不会轻易被别人影响。这类动机驱使下的行为指向性强，目的比较明确，具有经常性和持续性的特点。

大众的消费动机普遍适用于任何顾客。在不同情况下，顾客消费动机会有不同的构成，化妆品推销员要能够判断顾客占据主导地位的消费动机，从而有针对性地推销化妆品。

课堂讨论

与周围的小伙伴分享一下，你都购买过哪些化妆品？你购买化妆品都是出于什么消费动机呢？

2. 消费动机的产生原因

1）女性消费动机的产生原因

扫一扫

女性消费特点

由于生理构造和心理发展的不同，相较于男性顾客，女性顾客在购买化妆品时更为感性，更容易受周围环境和气氛的影响，因而女性消费动机的产生往往会更多地受感情因素的影响。女性消费动机的产生原因主要可分为以下三点。

（1）产品独特性

女性顾客不仅可以通过使用化妆品来装扮、改善自己，还可以通过购买他人未曾拥有的化妆品来彰显自己的特别。因此，女性顾客在挑选化妆品时，不仅会考虑化妆品的使用效果，还会考虑化妆品的独特性。例如，使用设计独特、款式新颖的化妆品，会给人以超群突出的印象；购买包装精致、装饰特别的化妆品，会给人以生活考究、支付能力高的印象；购买价格昂贵、限量供应的化妆品，会给人以有权利、有地位的印象。在面对具备独特性的化妆品时，女性顾客往往很容易产生购买倾向。

（2）产品流行性

女性顾客崇尚流行、追赶时髦，对于新潮的东西相当敏感，常因求新、求美、求变、求异，而被某些流行的化妆品吸引。她们很容易受外界环境的影响，会随着流行趋势的改变而改变购买意向，面对新兴的流行化妆品会自发地产生强烈的心理共鸣，从而产生购买倾向。

（3）符合高要求

由于经常购买化妆品，女性顾客往往能够较为全面地掌握市场信息，并在挑选化妆品时进行详细的比较。女性顾客总是希望选择的商品能够尽善尽美、百分之百地符合自己的心愿，若是化妆品有任何一点没有达到预期，都会影响化妆品交易的达成。因而，在面对符合其高要求的化妆品时，女性顾客往往很容易产生购买倾向。

综上所述，女性顾客购买化妆品不仅仅是满足物质需求，心理因素也占据了很大部分。化妆品推销员需要了解女性心理，根据女性消费动机的产生原因，有针对性地推销化妆品。

2）男性消费动机的产生原因

与女性顾客的感性思维不同，男性顾客的思维往往比较理性，不会轻易地被情绪影响。因而，其消费动机的产生往往会更多地建立在对商品客观认识的基础上，具有客观、理智的特点。男性消费动机的产生原因具体可分为以下三点。

（1）产品实用性

男性顾客头脑冷静，不会轻易地被广告或宣传打动。在购买化妆品时，他们会更多地关注化妆品的实际效用，会对同类化妆品进行适当地对比和分析，更倾向于购买品质较好的化妆品，不太会受情感因素的影响，对自己的判断较为自信。因而在面对商品质量较好、能够满足其需求的化妆品时，男性顾客往往很容易产生购买倾向。

（2）购买便捷性

多数男性顾客不愿意花费大量时间挑选化妆品，而且对不能提供便捷购买服务的化妆品有着强烈的排斥心理。他们会快速度地分析并决定所要购买的化妆品，因而要求化妆品的配套销售服务能够做到快速便捷。对于那些能够提供便捷购买服务的商品，男性顾客往往会很容易产生购买倾向。

（3）达成目的性

在部分情况下，男性顾客会因为受人委托而产生购买需要。他们通常没有相应的购买经验，没有对化妆品的特殊偏爱或固定习惯，对化妆品的功效和价格没有一个很好的参考标准。为了完成委托，他们会适当地听取化妆品推销员的意见，并选取化妆品推销员介绍的化妆品中最符合其购买要求的化妆品，这种情况下，他们对化妆品的判断依据往往来源于化妆品推销员的介绍。面对那些符合其购买要求的化妆品，男性顾客往往会很容易产生购买倾向。

消费动机有可能是顾客在有意识的心理状态下产生的，也有可能是顾客在潜意识的作用下产生的。无论何种情况，各类消费动机的产生都是顾客心理特点的体现。

二、顾客的购买态度

购买态度是顾客对购买活动所持有的、稳定的心理倾向。这种心理倾向蕴含着顾客的主观评价和行为倾向，能够通过顾客的购买行为表现出来。根据顾客不同的行为特点，可以将顾客的购买态度分为以下六种类型。

节俭型

节俭型购买态度会使顾客考虑问题比较现实，使其购买行为朴实无华、崇尚勤俭节约，不追求使用功能以外的商品特性。持有节俭型购买态度的顾客多以实用作为选购商品的标准，不追求商品外观、不图商品名声，更容易接受商品的质量信息，忽略人为赋予商品的象征意义。这类购买态度的顾客多在中老年群体中出现。

自由型

自由型购买态度会使顾客率性而为、喜欢自由、不受拘束，使其对商品的要求多变，既考虑商品质量，也讲求商品外观。持有自由型购买态度的顾客没有选购商品的固定标准，往往跟随自己的心情选择商品，偶尔会受市场信息或营销宣传的影响，不会刻意地控制自己的购买方向。这类购买态度的顾客一般较多出现在年轻群体中。

 **案例分享**

小杨是位年轻的白领，这天她来到某化妆品专卖店挑选化妆品。

推销员：您好，欢迎光临，请问有什么可以为您服务的吗？

小杨：我先随便看看。

推销员：好的，如果您有需要随时叫我。

小杨在店里随意闲逛了一阵，最终停留在某品牌护肤品面前。

小杨：这款产品现在有活动吗？

推销员：这款产品是我们店里的主推款，如果您购买的话我可以额外送您一套小样，非常的划算。

小杨：那美白效果怎么样？

推销员：这款产品含曲酸、熊果苷壬二酸等有效成分，能够很好地抑制黑色素细胞的产生，美白效果非常好。

小杨：是不错，还挺划算的。那这款产品呢？效果怎么样？

小杨拿起了一款包装精美的产品，询问推销员。

推销员：这款产品是五十周年纪念款，控油效果非常好。

小杨：那有优惠活动吗？

推销员：这款产品是限定款，数量非常少，是没有优惠活动的。

小杨：那这个纪念款有美白功能吗？

推销员：有美白系列，但是现在没货了，需要为您调货。

小杨：那帮我调货吧，我想要纪念款的美白产品。

3. 保守型

保守型购买态度会使顾客有较重的怀旧心理，使其在购买商品时更为严谨，遵循已有的消费习惯，对新商品持怀疑和观望态度。持有保守型购买态度的顾客性格内向，对改变抱有抵触心理，极少会购买新商品，更倾向于购买自己熟悉、使用过的商品。这类购买态度的顾客多在中老年群体中出现。

4. 独特型

独特型购买态度会使顾客具有某种特殊的思维方式，使其在独特思维的引导下，具有与众不同的生活方式。持有独特型购买态度的顾客在选购商品时，不容易接受别人的意见，有时甚至会向营销人员提出一些难以回答的问题或出其不意的要求，对营销人员语言行为的反馈也时常令人出乎意料。这类购买态度的顾客较多出现在具有独立思维的成年顾客群体中。

5. 顺应型

顺应型购买态度会使顾客具有大众化的消费观念和生活方式。持有顺应型购买态度的顾客一般不会购买标新立异的商品，但也能够在一定程度上接受新鲜事物。他们既不抵制也不主动追求社会潮流，会随着周围环境的变化，逐渐改变自己的消费方式和习惯。这类购买态度的顾客一般较多地出现在中青年群体中。

6. 习惯型

习惯型购买态度会使顾客经常性地购买某一特定商品，使其在对某一商品有深刻体验后，保持稳定的注意力，逐步形成习惯性购买行为，不会轻易改变。由于经常购买，持有习惯型购买态度的顾客通常会对特定商品较为了解，有丰富的商品使用经验，不会在购买商品上耗费太多的时间和精力。这类购买态度较多出现在高收入群体中。

每个人的性格表现一般都是比较稳定的，但是在环境的影响下，也会逐渐改变。

三、顾客消费心理的变化趋势

随着化妆品市场的发展，顾客对化妆品成分的天然性、生产过程的安全性、功效的针对性都有了更高的要求。这样的发展趋势既是对顾客购买行为变化的总结，又是顾客消费心理转变的体现。根据顾客购买行为的变化，可以将顾客消费心理的变化趋势总结为以下三点。

1. 品牌化

品牌化是指顾客更倾向于购买品牌形象良好的化妆品，这类化妆品往往拥有着良好的品质和信誉，并被大众广泛地了解和信赖。品牌是化妆品的标志，代表着化妆品的品质、特色和承诺。每个品牌都有其固定的品牌定位，具备长期、稳定的风格。在物质极度丰富的现在，面对种类繁多的化妆品，顾客要想挑选出品质良好且适合自己的化妆品无疑是耗时耗力的，而品牌化妆品就是一个便捷的选择。购买品牌化妆品不仅能够得到品牌的品质保障，还可以得到品牌的附加价值。顾客可以在品牌形象良好的化妆品中，根据个人喜好选择不同品牌定位的化妆品，从而减少花费的时间和精力，减少购买风险。

2. 理性化

理性化是指顾客在经济能力允许的条件下，按照追求效用最大化原则挑选要购买的化妆品。在挑选化妆品时，顾客将从自身对事物的理解和认知出发，更多地考虑产品成分、功效、安全性等因素，客观地审视、评价化妆品，做出符合实际需求的决策。随着顾客对化妆品要求的提高，化妆品不再能轻易激发顾客的购买欲望，顾客将更多地追求化妆品的实用功能和经济上的合理性，不再盲目跟风，在理性思考化妆品的各类条件后做出购买决策。

3. 个性化

个性化是指顾客在挑选商品时，更倾向于购买时尚、独特的商品，从而获得情感上的满足。随着收入的提高，顾客挑选商品不再只关注商品的功能价值，而是更关注商品附带的显示个人社会地位、经济实力、文化素养和生活情趣等的象征性功能，从而满足其心理、情感和审美等方面的诉求。

在个性化消费时代，年轻人对时尚潮流的理解越来越多样化，希望能够与众不同，更加重视个性的满足和精神的愉悦。因而，他们更喜欢通过购买个性化商品，来实现自我优越感的满足。他们所选择的商品不仅在质量上要有保障，而且要具备一定的新颖性和流行性，能够精准地满足顾客对商品欣赏价值、艺术价值、文化特质等个性特征的需求。

推销员的私房话

通过分析顾客的消费心理，化妆品推销员可以解释顾客的购买行为，并预测顾客未来的消费倾向。

任务实施1——知识竞赛

 活动目的

通过知识竞赛的方式，帮助学生记忆本任务所学内容。

活动内容及流程

1. 前期准备

① 老师可根据本任务所讲的九类大众消费动机和六种顾客购买态度制作一个抽签桶。

② 全班学生分为6组，每组选出1名负责人，小组负责人带领组员温习本任务所学内容。此外，小组负责人还负责维持组内秩序。

2. 活动流程

① 各小组负责人依次抽签决定小组要回答的顾客类型。

② 小组负责人组织组员回答问题，所得分数由老师评定。

③ 老师按表3-1给各小组进行打分，并统计各小组总得分。

表 3-1 评 分 表

小 组	答题得分	答题表述流畅情况（10 分）	小组成员协作情况（10 分）	其 他（10 分）	合 计
第 1 小组					
第 2 小组					
第 3 小组					
第 4 小组					
第 5 小组					
第 6 小组					

④ 老师将各小组按照最终得分的高低进行排名，并根据情况设置活动奖品。

任务实施 2——模拟销售

 活动目的

通过模拟销售的方式，让学生具备应用本任务所学内容的能力。

活动内容及流程

1. 前期准备

① 老师将学生分为销售组和顾客组两个大组，销售组学生每 2～4 人组成一个销售团队，顾客组学生自由组成若干购物团队。

② 各销售团队从表 3-2 中自由选择要销售的化妆品，并向顾客宣传每款化妆品的卖点（包装精美、时尚、价格实惠等）。

表 3-2 化妆品举例

类 别	化妆品举例
清洁类化妆品	洁面乳、清洁霜、磨砂膏、去死皮膏、香皂、卸妆油
护理类化妆品	乳液、润肤霜、精华素、护肤水、冷霜、按摩膏、防晒霜、面膜
美容/修饰类化妆品	香水、口红、粉底、腮红、指甲油
特殊用途化妆品	粉刺霜、祛斑霜、止汗露、狐臭露、健美霜

③ 购买团队通过销售团队的介绍，大致了解其在售化妆品的款式和特点，并决定想要购买的化妆品。

2. 活动流程

① 购物团队分别与每个销售团队交流，并根据销售团队的表现决定是否购买化妆品。

② 销售团队根据交流情况分析购物团队中每个人的购买态度、消费动机、消费动机的产生原因。

③ 老师根据销售团队的陈述内容，从购买态度、消费动机、消费动机的产生原因三个方面进行扣分。其中，消费动机 5 分，购买态度和消费动机的产生原因各 10 分，总分 25 分。

④ 销售团队每交流一次，老师需对其进行一次打分，销售团队最终得分为每次得分累加之和。

⑤ 所有团队交流完成后，购物组和销售组交换身份，并重复上述活动，确保每个学生都有机会得分。

⑥ 综合两场活动，得分最高的团队为胜利团队。

任务二

分析顾客的
购买决策过程

任务目标

知识目标

① 熟悉顾客的购买决策过程。
② 掌握影响顾客购买决策的因素。

素质目标

① 能正确分析顾客的购买决策过程。
② 具备一定的团队合作意识。

任务引入——购买护肤品

    小郑是某高校的大一新生，刚入学的她需要购买一套日常使用的护肤套装。通过询问身边同学让她对护肤品有了一个初步的了解，想好了打算买哪类护肤品后，她来到了学校附近的化妆品专卖店。

    推销员：您好，欢迎光临，请问有什么可以为您服务的吗？

    小郑：我想买套护肤品。

    推销员：您对护肤品有什么要求吗？

    小郑：我想要性价比高的。

    推销员：那您可以看一下这款水乳套装。现在店里正在做活动，五折优惠，还送您同品牌面膜一盒。

    小郑：这款水乳酒精含量有点高，会刺激皮肤吧。

    推销员：的确，这款水乳酒精含量略高，但是美白效果很明显，非常适合有美白需求的顾客。如果您肌肤比较敏感的话，可以尝试一下这款滋润套装，补水保湿效果非常好，可以长效持久地呵护您的肌肤。

    小郑：那滋润套装有优惠吗？

    推销员：有的，滋润套装打八折，还会送您一套小样。

    小郑：那给我拿一套滋润套装吧。

    思考：小郑在购买化妆品的过程中，都经历了哪些购买决策过程？影响她购买决策的因素都有哪些？

知识准备

    顾客的购买决策过程是指顾客为了满足某种需求，在一定购买动机的支配下于可供选择的两个或者两个以上的购买方案中，经过分析、比较而选择出最佳的购买方案，实施方案并展开评价的活动过程。在这一过程中，由于不同顾客的外在条件、购买习惯、消费心理等影响因素存在着差异性，因此不同顾客对于同一种商品会产生不同的购买决策。不仅如此，同一个顾客的购买决策还具有明显的情景性，其具本决策会因其所处环境、购买经验的不同而不同。

一、顾客的购买决策过程

购买决策过程是顾客产生购买行为的具体步骤，开始于实际购买之前，延续到实际购买之后。顾客在受到内外因素刺激后，会形成欲望和需求，进而产生消费动机，从而开始收集产品信息并对产品进行选择和评价，根据这些结论，顾客会做出购买决策并产生购买行为，在产品交易完成后，顾客会积累产品的购买经验和使用经验并产生购买后评价，这些将反馈在内外因素上，从而影响下一次的购买决策过程。

扫一扫

购买决策过程

1. 形成欲望和需求

形成欲望和需求是顾客购买决策过程的起点。在欲望和需求的作用下，顾客会产生消费动机，从而引发顾客的购买行为。如果没有消费动机作为中介，购买行为就不可能发生，顾客的欲望和需要也不可能得到满足。因此，顾客购买决策过程的开始不仅仅是形成欲望和需求，还包含了对因欲望和需求而产生的消费动机的认识。这一过程是顾客自我的认知，化妆品营销员可以通过宣传的方式，促使顾客形成欲望和需求。

2. 搜集信息

顾客认识到自己对商品的欲望和需求后，便会着手搜集产品信息。根据信息来源的不同，可将产品信息分为经验来源信息、个人来源信息、商业来源信息和公共来源信息四类。其中，经验来源信息是顾客从购买或使用产品的经验中获取的信息，个人来源信息是顾客从亲友、邻居、同事等个人身上获取的信息，商业来源信息是顾客从广告、展览会等企业营销活动中获取的信息，公共来源信息是顾客从网络、电视等大众传播媒体及社会组织中获取的信息。

在上述四类信息中，经验来源信息和个人来源信息对顾客购买行为的影响最直接，商业来源信息和公共来源信息对顾客的影响则相对比较间接，只能在一定程度上诱导顾客。因此，化妆品推销员应当向顾客提供优质的服务，使其产生良好的购物感受，从而口口相传、形成口碑。

3. 选择比较

选择比较是顾客购买决策过程中的决定性环节，涉及顾客对产品信息的分析和评估及顾客对产品的选择过程。在这一过程中，顾客会对收集到的信息进行整理，并根据个人需求和喜好设置一定的评估标准。例如，有的顾客对产品服务有着较高的要求，因此在选择比较过程中会更倾向于选择服务质量好的产品；而有的顾客则更希望其个性化需求得到满足，因此在选择比较过程中会更倾向于选择产品形象与众不同的产品。针对这一过程，化妆品推销员要能够根据顾客的需求和偏好，有针对性地推荐适合顾客的产品。

4. 决定购买

决定购买是顾客对产生偏爱的某些产品形成购买意向，并引起购买行为的过程。在购买意图引起购买行为的过程中，有时会存在一些不稳定因素，例如，顾客会因为他人对产品的负面评价而取消购买。化妆品推销员要能够察觉到可能存在的风险，并及时引导，在顾客购买意向转变之前达成交易。

5. 购后评价

购后评价是顾客对产品的满意程度，以及因满意或不满意而产生的购后行为的总和。其中，顾客对产品的满意程度通常取决于产品和顾客预期的符合程度，如果产品能够很好地符合或接近顾客预期，那么顾客通常会对产品感到满意，从而产生推荐他人购买产品的行为。反之，如果产品不能达到顾客预期，顾客则会产生要求退货、劝阻他人购买产品等行为，从而对产品产生负面影响。

因此，化妆品推销员在介绍产品时，要做到实事求是、不夸大产品效果，使顾客对产品有客观的预期。与此同时，化妆品推销员还要做好售后服务，在顾客出现不满情绪时，安抚顾客，挽回产品声誉。

化妆品营销员要能够在恰当的时候提供合适的服务，促使产品交易顺利达成。

二、影响顾客购买决策的因素

顾客的购买决策过程是顾客主观需求、欲望的外在体现，主要受内部因素、外部因素和经验因素的影响和制约。内部因素、外部因素及经验因素之间存在着复杂的交互作用，共同体现在顾客的消费观念和生活方式上，从而影响着顾客的决策内容、方式及结果。如图 3-2 所示，顾客的消费观念和生活方式在内部因素、外部因素的共同影响下，产生出不同的需求和欲望，从而导致顾客不同的购买决策过程；在购买行为结束后，顾客这次积累的经验会反馈到内部因素、外部因素上，间接地对顾客的消费观念和生活方式产生不同的影响，从而影响下一次的顾客购买决策过程。

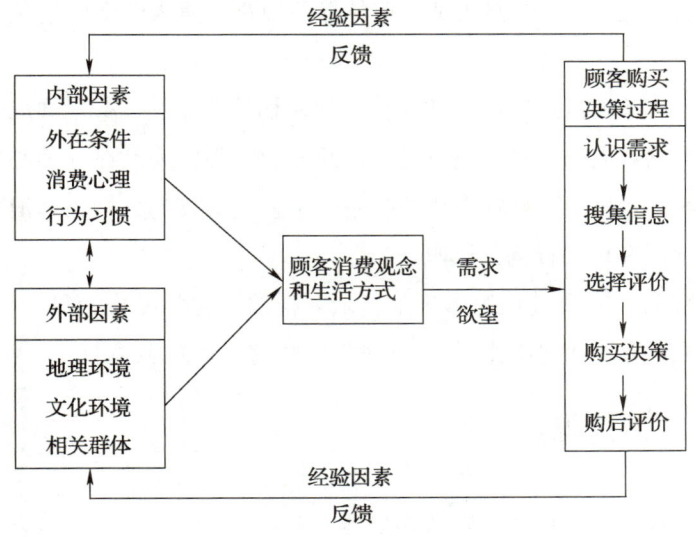

图 3-2　各因素对顾客购买决策过程的影响方式

1. 内部因素

内部因素包括顾客的外在条件、行为习惯和消费心理。

1）外在条件

顾客的外在条件主要有顾客的年龄、性别、收入、职业等，这些因素都是具备顾客个人特点的稳定因素。因此，外在条件对顾客消费观念和生活方式的影响往往是静态的，几乎不会发生改变。例如，在年龄因素的影响下，老年顾客需要使用延缓皮肤衰老、保持肌肤活力的化妆品，这样的需求特点通常不会发生变化；在职业因素的影响下，服务人员需要时刻保持良好的外在形象，因此需要购买足够的美妆类化妆品，这样的需求特点也是不会轻易改变的。顾客的外在条件是化妆品推销员进行营销活动的重要参考因素，对化妆品营销活动有着指导意义。

2）行为习惯

顾客的行为习惯主要有顾客使用产品的时间、目的，购买产品的数量、频率，顾客对品牌的忠诚度等，这些因素会因为受到其他因素的影响而发生变化，从而对顾客的消费观念和生活方式产生动态的影响。

3）消费心理

顾客的消费心理主要是顾客在消费过程中展现的心理特点，具有独特性、共同性、稳定性、整体性的特点。

⊛ **独特性：**独特性是指每个顾客的消费心理都各不相同。也就是说，由于心理组合结构的多样性，每个顾客的消费心理都有自己独特的特点。

⊛ **共同性：**共同性是指顾客的消费心理会因为受到同样的影响而表现出相同的特点。也就是说，由于所在区域、群体或受到的文化影响相同，顾客会具有共同的心理特点，从而表现出消费心理的共同性。

⊛ **稳定性：**稳定性是指顾客的消费心理一旦形成就不会轻易转变。也就是说，顾客在长期生活中会形成自己独特的心理特征，一旦形成，在外界环境没有重大改变的情况下，一般不会发生太大的变化。

⊛ **整体性：**整体性是指顾客的各种心理成分之间密切地联系在一起，构成一个完整的功能系统，从而协调一致地影响着人的行动。也就是说，顾客的购买行为是在几种心理活动同时地、迅速交替地影响下进行的。因此，化妆品推销员在通过顾客购买行为分析顾客消费心理时，需要仔细辨别各类心理因素对顾客购买行为的影响。

消费心理因素对顾客购买决策过程的影响是复杂多样的，化妆品推销员要能够根据顾客表现出来的稳定的心理特点，寻找不同顾客之间的共同性，从而有针对性地开展营销活动。

2. 外部因素

外部因素包括文化背景、相关群体、购买角色等内容。

1）文化背景

文化背景是指对人的身心发展和个性形成产生影响的物质文化和精神文化环境。文化背景渗透在顾客的日常生活中，为顾客提供了价值和行为的模式，帮助他们有效地适应周围环境。

在文化背景的影响下，顾客会具有不同的态度、价值观念和需求，对产品产生不同的看法，从而影响其对产品的购买行为和使用评价。不同文化背景的顾客，往往会对同样的销售方式表现出不同的反映，从而导致不同的购买决策。

2）相关群体

相关群体是顾客在做出购买决策时，作为参照、比较的群体，是顾客的信息来源，能够使顾客不自觉地与其保持行为和信念上的一致。顾客与相关群体结合的强度越强，受其影响的程度越深。相关群体对顾客的影响有规范性影响、信息性影响和价值性影响三种形式。

（1）规范性影响

规范性影响是指群体的规范对顾客行为产生的影响。规范是群体为成员设定的行为标准，是群体对成员的行为期待。顾客通常会不自觉地按相关群体的规范行事，处在同一群体的顾客往往具有相似的行为特点。

（2）信息性影响

信息性影响是指个体会有意识地将群体成员的行为、观念、意见作为参考信息，从而影响其购买行为。当顾客对所购产品有了解需要时，群体成员的使用和推荐将成为非常有用的信息，进而影响顾客购买决策的信息搜集过程。

（3）价值性影响

价值性影响是指顾客自觉遵循相关群体所具有的价值观，从而在行为上与之保持一致。价值观会直接影响顾客的消费动机，从而起到支配和制约顾客购买行为的作用。在同样的条件下，具有不同价值观的人，会产生不同的消费动机，从而产生不同的购买行为。

3）购买角色

购买角色是指顾客在群体购买活动中扮演的角色。在实际生活中，顾客的购买决策过程往往会受到其所在群体的影响。群体中的每个人都会在购买过程中扮演不同的角色，他可以是发起者、影响者、决定着、购买者或使用者，也可以同时扮演几个角色，不同的购买角色对购买行为起到的作用也有所不同。

（1）发起者

发起者是首先想到或提议购买化妆品的人，能够引起群体中其他成员对化妆品的注意。

（2）影响者

影响者是支持或反对发起者提议的人，往往会向群体中其他成员提供商品信息和购买建议，从而影响群体对化妆品的选择和判断。

（3）决定者

决定者是最终决定购买与否的人，对化妆品交易有选择决定权。

（4）购买者

购买者是实际购买化妆品的人，会比较选择化妆品的价格、质量、购买地点等条件，并与化妆品推销员进行谈判和交易。

（5）使用者

使用者是实际使用化妆品的人，其对化妆品的满意程度会影响化妆品的下一次交易。在一般情况下，使用者会首先提出购买建议。

以上五种角色会在顾客购买决策过程中发挥着各自的作用，共同促使交易达成。化妆品推销员应根据不同角色的特点提供相应的服务，从而获得顾客认同，引导顾客完成交易。

课堂讨论

和大家分享一下你和家人或朋友一起购买化妆品的经历。在购买化妆品的过程中，你都扮演过哪些购买角色？

3. 经验因素

经验是顾客从已发生的事件中获取的信息，是顾客在购买和使用产品的过程中获得的感受和对产品的评价。不同的经验会对顾客下一次的购买决策过程带来不同的影响。如果顾客的经验是正面积极的，那么顾客会更容易产生重复购买行为。因此，化妆品推销员需要尽力服务好每一位顾客，为其提供良好的购物感受，从而使顾客产生积极的购物经验。

任务实施——知识竞赛

活动目的

通过知识竞赛的方式，帮助学生掌握本任务所学内容。

活动内容及流程

1. 前期准备

① 老师可根据表 3-3 中知识点（也可适当增加本任务的其他知识点）对应的题号及分值，制作一个知识大转盘。

表 3-3　知识大转盘的内容

题　号	知识点	分　值
1	影响顾客购买决策的因素可分为哪三类	3
2	顾客购买决策过程可分为哪五个过程	5
3	各类因素是如何共同影响顾客的购买决策过程的	10
4	相关群体对顾客的影响可分为哪三种形式	3
5	消费心理都有哪些特点	4
6	顾客的外在条件主要有哪些	4
7	顾客的行为习惯主要有哪几项	5
8	顾客的购买角色可分为哪五类	5
9	文化背景会对顾客有哪些影响	3
10	什么是顾客购买决策过程	5

② 全班学生分为 6 组，每组选出 1 名负责人，小组负责人带领组员温习本任务所学内容。此外，小组负责人还负责摇动转盘并维持组内秩序。

③ 摇动转盘的顺序如图 3-3 所示，即第 1 小组给第 2 小组摇动转盘，第 2 小组给第 3 小组摇动转盘，以此类推，若转到了别人已经答对的题目，则再转一次。

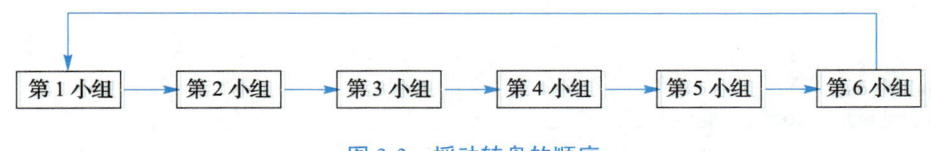

图 3-3　摇动转盘的顺序

2. 活动流程

① 小组负责人组织组员回答由其他组摇出的问题，所得分数由老师评定。

② 老师按表 3-4 给各小组进行打分，并统计各小组总得分。

表 3-4　评　分　表

小　组	答题得分	答题表述流畅情况（10 分）	小组成员协作情况（10 分）	其　他（10 分）	合　计
第 1 小组					
第 2 小组					
第 3 小组					
第 4 小组					
第 5 小组					
第 6 小组					

③ 老师将各小组按照最终得分的高低进行排名，并根据情况设置活动奖品。

任务三

选择目标顾客

任务目标

知识目标

① 掌握市场细分的方法。
② 熟悉目标市场要满足的条件。
③ 掌握市场定位的主要任务。
④ 掌握确定目标顾客的方法。

素质目标

① 能根据产品功能选择目标顾客。
② 具备一定的团队合作意识。

任务引入——生日礼物

张先生打算买一套护肤品作为生日礼物送给妻子，这天他来到了小李所在的化妆品品牌专卖店。

小李：您好，请问有什么可以为您服务的吗？

张先生：我想买套护肤品。

小李：好的，先生。那请问您是自用还是送人呢？

张先生：送我老婆。

小李：您真贴心，那您爱人使用哪类的护肤产品比较多呢？我们这边有适合 20～30 岁肌肤的补水滋润套装，还有适合 30～40 岁肌肤的抗衰老套装。

张先生：补水的吧。

小李：好的，我们这边有明星同款套装，还有春季经典套装您需要哪一种呢？

张先生：有什么区别吗？

小李：明星同款套装是今年出的新款，春季经典套装是往年热销的产品。

张先生：明星同款吧。

小李：好的先生，现在明星同款库存比较紧张，需要从仓库送过来，大概半个小时，您看可以吗？

张先生：太久了，还是经典套装吧。

小李：好的先生，请您这边结账。

思考：小李在销售化妆品时，都掌握了哪些顾客信息？根据这些信息小李能否确定顾客的市场细分类别？

知识准备

一、目标市场选择

目标市场选择是市场营销学中最重要的理论，可简称为"STP 理论"。其中 S、T、P 分别为 Segmenting（市场细分）、Targeting（目标市场选择）、Positioning（市场定位）三个英文单词的首字母。通过对 STP 理论的学习，化妆品推销员可以清楚地知道所售产品的市场定位，从而根据市场定位选择目标顾客。

扫一扫

STP 战略

 市场细分

不同类型的群体会表现出不同的群体特性，从而产生不同的购买需求。市场细分就是根据顾客所处的地理环境、个人外在的条件和行为表现、内在的心理特点等因素对顾客群体进行划分，将存在明显差别的群体细分成若干个，以便营销人员制订不同的推销计划。市场细分不仅要实用，还应有显著的区别特征，根据细分变量的不同，可以分成地理细分、人口细分、行为细分和心理细分四种不同的基本形式。

1）地理细分

地理细分是指根据顾客所处外部地理环境的不同而对顾客群体进行的划分，地理环境可以是气候、行政区域或城镇规模。

（1）气候细分

气候是指一个地区天气的多年平均状况，主要的气候要素包括光照、气温和降水等。我国的气候类型有热带季风气候、亚热带季风气候、温带季风气候、温带大陆性气候、高山高原气候等。根据以上不同的气候条件，可以将顾客分为不同的群体。每个群体中的顾客都具有不同的皮肤状态，因而会对化妆品产生不同的需求。

（2）行政区域细分

行政区域是国家为了进行分级管理而实行的区域划分。根据我国行政区域的不同，可以将顾客划分为东北、华北、西北、西南、华东、华南六类群体，不同行政区域具备不同的政治特点、经济特点和民族特点，因而不同区域的顾客群体会有不同的偏好，从而产生不同的需求特点。

（3）城镇规模细分

根据城镇人口数量的多少，城镇规模有超大城市、大城市、中等城市、小城市和乡镇五种类型。根据以上不同的城镇规模，相应地将顾客分为五类不同的群体。因为不同规模的城镇的经济条件不同，所以不同类别顾客群体的收入水平不同，从而产生对化妆品不同的需求。

推销员的私房话

一般来说，顾客大多属于同一个地理细分类别。但是在外地游客较多的旅游景区柜台或专门面向出行人员的免税店柜台，其顾客则多属于不同的地理细分类别。

2）人口细分

人口细分是指根据顾客的外在条件（如年龄、性别、收入、职业等）进行的市场划分。很明显，这些人口变量与需求差异性之间存在着密切的因果关系。

（1）年龄细分

根据年龄的不同，可以把顾客粗略地分为少儿、青年人和中老年人三类群体。随着年龄的增长，顾客对化妆品的需求也会相应地发生变化。例如，少儿的皮肤柔软娇嫩，需要使用不含香料、酒精及着色剂的无毒低刺激化妆品；青年人的皮肤皮脂分泌旺盛，富有弹性，使用补水、滋润的化妆品即可；中老年人的皮肤干燥松弛、皮下脂肪减少、防御功能下降，因而需要可延缓皮肤衰老、保持肌肤活力的化妆品。

（2）性别细分

根据性别的不同，可以将顾客群体简单地分为女性顾客群体和男性顾客群体。相对而言，女性顾客群体不仅人数多于男性顾客群体，而且女性顾客在购买活动中往往扮演着更重要的角色。女性顾客不仅为自己挑选并购买化妆品，同时也是购买男性化妆品活动中的决策者和购买者。所以，女性顾客在化妆品的经营成交中起着至关重要的作用。

（3）收入细分

根据顾客收入水平的不同，可将顾客分为高收入、次高收入、中等收入、次低收入、低收入五类群体。顾客收入水平的高低会直接影响顾客购买化妆品时愿意花费金额的多少。收入高的顾客往往比收入低的顾客更愿意购买高档次化妆品（如，贵妇化妆品、奢侈化妆品等），他们一般喜欢到高档次消费场所购物（如，机场免税店、高端百货商场等）。收入低的顾客通常会选择售价合理、性价比合适的化妆品，他们一般喜欢在距离比较近的购物场所购买化妆品。

推销员的私房话

收入高的家庭更易产生求新、求美、求名等消费动机，而收入低的家庭则更多地产生求廉、求实、求利等消费动机。

（4）职业细分

根据顾客职业特点的不同，可以将顾客划分为服务人员、专业技术人员、办事人员等职业群体。由于工作内容、工作环境的不同，不同职业的顾客对化妆品的审美和需求存在很大的差异。例如，空乘人员需要使用美容修饰类化妆品来塑造自己的美丽外在；教师需要保持端庄，不宜浓妆艳抹，因而很少需要购买美妆类产品；导游需要经常在户外工作，因而对护理类化妆品有更多的需求。

3）行为细分

行为细分即根据顾客购买或使用产品的时间，使用产品的目的，购买产品的数量、频率，以及顾客对产品的忠诚度等行为变量来细分顾客群体。

（1）使用时间

许多顾客对化妆品的需求会随着时间的改变而发生变化。例如，习惯夜晚护肤的顾客会更多地购买晚霜，而习惯晨起护肤的顾客则更倾向于购买日霜；顾客在冬季会更多地购买补水和保湿类的化妆品，而防晒类化妆品在夏季则更受顾客的青睐。因此，可以根据顾客使用化妆品时间的不同，将顾客分成不同的群体。不同的顾客群体会表现出对化妆品不同的偏好，从而产生不同的购买需求。

（2）使用目的

不同的顾客购买化妆品往往出于不同的使用目的，如有的顾客购买面膜是为了深层清洁皮肤、去除角质，有的顾客则是为了令肌肤莹润饱满、光滑剔透。在不同使用目的的驱使下，即使是同一种类的化妆品，顾客都会有不同的购买需求。因此，可以根据顾客使用目的的不同，将顾客分成不同的群体。每个顾客群体都有其不同的购买需求。

（3）购买数量

根据购买数量的多少可以将顾客简单地分为大量用户、中量用户和少量用户三类群体。大量用户消费量大，但不常遇到。中量用户和少量用户虽然购买量相对较少，但却是营销活动针对的主要对象。

（4）购买频率

根据购买化妆品的频率可以将顾客分为经常购买、一般购买和不常购买三类群体。相对来说，经常购买化妆品的顾客对化妆品有更多的使用和购买经验；而一般购买和不常购买的顾客对化妆品的了解相对较少，会有详细了解产品的需要。

（5）顾客忠诚度

顾客忠诚度是指顾客因个人偏好而重复购买商品或服务的程度。根据顾客忠诚度的不同，顾客可分为坚定品牌忠诚者、多品牌忠诚者、转移的忠诚者、无品牌忠诚者等群体。顾客忠诚度的产生可能是源自对某些商品的偏好，也可能是出于对某些服务的偏好，带有明显的顾客个人色彩，是顾客偏好的外在体现。

4）心理细分

心理细分是指根据顾客消费心理的不同来细分市场，有动机细分和性格细分两种细分方法。其中，动机细分是根据顾客的心理倾向细分顾客的，性格细分是根据顾客的心理特征细分顾客的。

（1）动机细分

如任务一所述，顾客的消费动机可详细划分为求实动机、求新动机、求美动机、求名动机、求廉动机、求便动机、模仿动机、好奇动机及好恶动机九种。这些动机错综复杂地交织在一起，共同影响着顾客的购买行为。在其中具有主要影响力的动机称为主导性动机，在主导性动机的影响下，顾客会表现出相应的购买倾向。因此可以将顾客相应地分为九类群体，而这些顾客的类型会随着顾客心理状态的改变而发生变化。

（2）性格细分

顾客在现实生活中显现出的某些一贯的态度倾向都能够反映其自身的性格特点，据此可以将顾客分为节俭型、自由型、保守型、独特型、顺应型及习惯型六类群体。

顾客不同的态度不仅反映着每个人的个性，还表达着集体的共性，有着相同的经济、政治和文化生活的条件的群体往往表现出对事物的相同稳固态度。然而，现实生活中顾客的性格往往不是单一型的，而是中间型或混合型的。而且顾客千差万别的购买态度，会随着环境的改变而变化，从而表现出不同的购买偏好。

与地理细分、人口细分和行为细分不同的是，心理细分具备一定的不确定性。这是因为顾客心理会随着其周围环境的改变而发生变化，这是不可预测且无法衡量的。同时，顾客心理的复杂性决定了顾客动机细分和性格细分的不准确性，化妆品推销员只能在特定情形下，分析起着主导作用的心理因素，而无法确定地给出顾客的消费动机或购买态度。

2. 目标市场选择

目标市场选择是指营销人员在市场细分的基础上，依据现有条件，在众多的子市场中选择合适的目标市场的过程。通过市场细分，营销人员可以更准确地分析顾客需求的差异性和顾客需求被满足的程度，从而更好地发现市场机会。但众多的市场机会并不是每个都能够帮助营销人员获利，营销人员还需要结合现有条件，选择有可能带来较大市场盈利的目标市场。

1）目标市场要满足的条件

目标市场应满足以下四个条件。

（1）有足够的市场需求

选择的目标市场一定要有尚未满足的现实需求和潜在需求。理想的目标市场应该是有利可图的，没有需求或不能获利的市场谁也不会去选择。

（2）市场上有一定的购买力

一定的购买力即要求企业所确定的产品价格，有足够多的顾客可以接受。市场具备尚未满足的需求不代表有相应的购买力，如果市场的购买能力很低，就不可能构成现实市场。因此，营销人员在选择目标市场时，必须对目标市场的人口、收入水平、购买欲望进行分析和评价。

（3）企业具备满足需求的能力

在众多的细分市场中，有盈利空间的往往不止一个，但是不可能都成为目标市场。营销人员必须根据企业的自身条件，选择企业有能力占领的市场作为目标市场。同时，营销人员还需要考虑开发市场所需要的费用，将预期的投资和盈利相比较，只有盈利大于投资的目标市场才是有效的目标市场。

（4）企业具有竞争优势

企业具有竞争优势主要表现为：企业在目标市场中没有或很少有竞争对手；与竞争对手相比，企业具有显著的优势，完全有能力击败对方；企业有望取得较大的市场占有率。

2）目标市场营销策略的选择

在确定目标市场后，营销人员应综合考虑企业的资源状况、产品的同质性和市场生命周期、市场同质性、竞争对手的策略这四个影响因素，选择要采取的目标市场营销策略。其中，产品同质性是指顾客所感觉产品在性能、特点等方面的相似的程度，市场同质性是指细分的子市场间相似的程度。

3. 市场定位

市场定位又称产品市场定位，是指对产品进行设计，使其在目标顾客心目中占据一个独特位置的行动。市场定位的实质在于对已经确定的目标市场，从产品出发进行更深层次的分析，并最终落实到具体的产品生产和销售当中。

为使产品具备竞争优势，企业要辨别目标市场上现存竞争产品的特色和地位，并决定自己产品的发展方向。为获得竞争优势而进行的目标市场定位包括以下主要任务：首先，企业要从产品性能差异化、产品

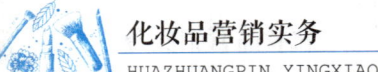
服务差异化、产品形象差异化三个方面入手，使产品与竞争产品相区分；其次，找到顾客为产品差异化买单的理由；最后，明确产品价格方案。

品牌故事

宝洁公司始创于 1837 年，是世界上最大的日用消费品公司之一。宝洁（中国）占据了中国日化行业的半壁江山，其旗下不仅有各类的化妆品，甚至同一种类的化妆品都有着多个品牌。例如，宝洁旗下拥有能够去除头屑的"海飞丝"、能够营养保健头发的"潘婷"、能够使头发光滑柔顺的"飘柔"等洗发水品牌。这些不同的洗发水品牌都有着不同的市场定位，吸引着不同类型的顾客。

在这些品牌洗发水的广告宣传上，"海飞丝"的广告语是"头屑去无踪，秀发更干净"，着重体现了洗发水清新凉爽的市场定位；"潘婷"的广告语是"含丰富的维生素 B₅，能由发根渗透至发梢，补充养分，使头发健康、亮泽"，着重体现了洗发水营养滋润的市场定位；"飘柔"的广告语是"含丝质润发，洗发护发一次完成，令头发飘逸柔顺"，着重体现了洗发水飘逸柔顺的市场定位。凭借产品不同的市场定位，宝洁公司成功地吸引了不同类型的顾客，抢占了国内洗发水市场份额，增强了其在洗发水市场的占有率。

二、目标顾客确定

目标顾客确定是指化妆品推销员通过收集和分析顾客信息的方式，对潜在顾客进行分类，从而根据产品功能挑选出最有希望购买产品的顾客的过程。

1. 确定目标顾客的方法

1）顾客信息分类

顾客信息是指顾客联系方式、顾客行为习惯、顾客喜好等一些关于顾客的基本资料，根据信息内容的不同可以分为描述类信息、行为类信息和关联类信息三类。

（1）描述类信息

描述类信息是描述顾客基本属性的静态信息，主要有联系信息、地理信息和人口统计信息等内容。描述类信息一般来自顾客的登记信息，相对来说比较容易采集，但因为会涉及顾客的住所、联络方式、收入等隐私，所以要特别注意数据的安全性和来源可靠性。

（2）行为类信息

行为类信息是描述顾客购买行为的信息，主要来源于顾客咨询记录、顾客交易记录、顾客服务记录等，是顾客在消费过程中的动态信息，需要化妆品推销员及时地记录和采集。根据行为类信息的记录内容，化妆品推销员可以了解顾客以往的购买决策过程、分析顾客的行为特征，从而掌握顾客的购买行为，了解顾客的潜在消费需求。

（3）关联类信息

关联类信息是与顾客行为相关的、能够反映和影响顾客行为和心理等因素的相关信息，主要有顾客满意度、顾客忠诚度、顾客偏好、竞争对手行为等内容，可以通过专门的数据调研或顾客关联分析获得。关联类信息能够有效地反映顾客的行为倾向，帮助化妆品推销员深入理解影响顾客行为的相关因素，从而实现提高顾客满意度、提高顾客忠诚度、降低顾客流失率的目标。

2）搜集顾客信息

搜集顾客信息是化妆品推销员获得顾客信息的过程。化妆品推销员获得顾客信息的方法有自行采集、从外部公司获取两种。

（1）自行采集顾客信息

化妆品推销员需要在与顾客达成交易的同时，登记顾客信息并记录顾客购买行为。这是化妆品推销员采集顾客信息最简单也是最有效的方法。另外，化妆品推销员还可以组织有奖登记活动，通过向自愿登记信息的顾客或愿意介绍新顾客的老顾客发放小礼品的方法，来获取顾客信息。顾客信息采集流程如图3-4所示。

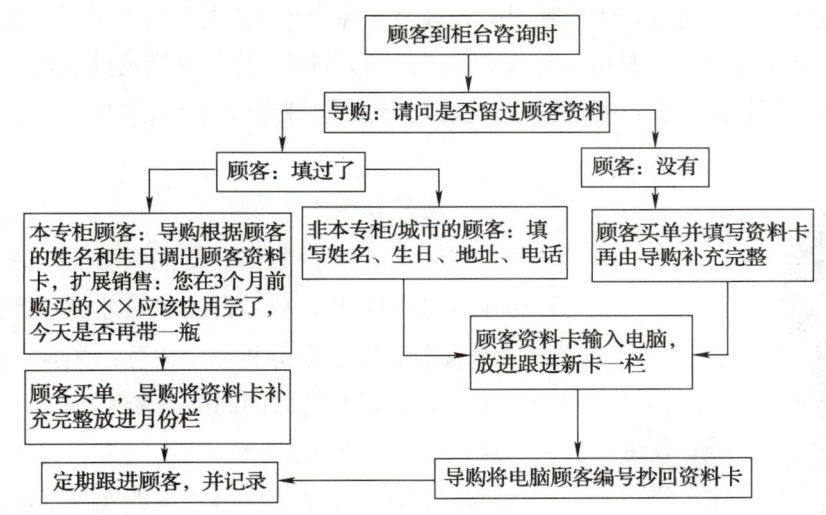

图 3-4　顾客信息采集流程

（2）从外部公司获取信息

化妆品推销员可以通过购买或租用的方式，从数据公司、专业调查公司及相关行业的公司获取顾客信息。这些公司通常都积累了大量的顾客数据。其中，数据公司和专业调查公司专注于顾客调研工作，积累了大量的顾客关联类信息；服饰、鞋帽等行业的公司储备了大量的顾客行为类信息，可以作为顾客购买化妆品行为的参考。

收集顾客信息是分析顾客的基础，在这一过程中，化妆品推销员需要注意收集到的信息的完整性和准确性，从而确保顾客分析结论的正确性。

3）分析顾客信息

分析顾客信息是化妆品推销员对收集到的顾客信息进行再处理的过程，是化妆品推销员掌握顾客特点的重要环节，可以从以下六个方面入手。

（1）顾客消费动机分析

顾客为什么会选择我们的产品？而另一些顾客为什么不选择我们的产品？这是化妆品推销员应当考虑的问题。在思考这些问题时，化妆品推销员不能简单地用产品好或不好来回答，而是要从顾客消费动机的角度来分析顾客选择产品的理由，从而确定顾客对产品的看法和偏好。

顾客的消费动机是十分复杂的，化妆品推销员不能以自己的想法来猜测顾客购买产品的消费动机。例如，顾客因为某品牌化妆品香味宜人而选择购买该产品，而化妆品推销员却认为顾客购买产品的原因是产品的滋润效果好，从而向顾客大肆宣传产品的滋润效果，使得营销活动的收益甚微。所以，了解顾客消费动机，清楚顾客选择产品的理由是十分必要的。

此外，顾客消费动机会随着社会经济、文化、风俗、生活形态的改变而发生变化，因此化妆品推销员分析顾客消费动机时，要以发展的眼光看待问题，及时地发现顾客消费动机的变化。

（2）顾客消费选择分析

对于化妆品市场来说，化妆品具有很强的可替代性，使得顾客在挑选化妆品时有很多种选择。化妆品推销员要充分地了解市场中的竞争产品有哪些，顾客会拿哪些产品来与我方产品进行比较，我方产品在哪些方面是可以被替代的、哪些方面是可以替代竞争产品的。同时，化妆品推销员还要了解哪些顾客对我方产品有较高的忠诚度，原因是什么；哪些顾客对我方产品的忠诚度较低，采取什么方法可以提高对方的产品忠诚度。

（3）顾客消费时机分析

顾客会在不同的时机购买不同类型的产品。只有清楚顾客购买产品的时机和频率，化妆品推销员才能掌握销售的主动权。因此，化妆品推销员需要分析以下问题：顾客一般在什么时间购买产品？购买产品前后的时间间隔是多久？

（4）顾客消费地点分析

顾客需要在一个适当的场合下购买产品或使用产品。因此，化妆品推销员需要了解顾客习惯在哪里购买产品，什么场所更容易激发顾客的购买欲望，顾客会在什么地方使用产品，以及顾客使用产品的空间是否可以进一步拓展，从而找到理想的销售渠道和产品使用范围。

（5）顾客消费数量分析

不同顾客群体会有不同的产品偏好，从而影响我方产品在该群体中的消费数量。因此，化妆品推销员要通过对顾客消费数量的分析，来确定哪类顾客最有可能购买我方产品。如果消费数量较少，相应的顾客群体则不能作为目标顾客群体；而对于消费数量足够多的群体，因其对我方产品有足够的兴趣及购买能力，所以可以将这类顾客群体作为相应的细分市场，展开有针对性的营销活动。

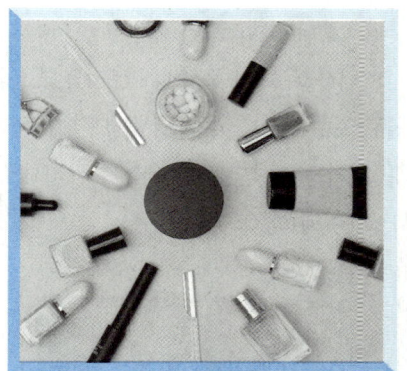

（6）顾客内部角色分析

前面已经讲过，顾客是一个复杂的群体，根据在购买行为中所起的作用可以将其分为发起者、影响者、决定者、购买者和使用者五种角色。这五种角色有时集中于一个人身上，有时分别对应于不同的人。化妆品推销员需要根据顾客在群体中的表现进行相关的分析和判断，从而有针对性地开展营销活动。

4）确定目标顾客

确定目标顾客是指化妆品推销员在分析顾客信息的基础上，确定最有希望购买我方产品的顾客的过程。一般来说，化妆品推销员可以将潜在顾客分为：有明显购买意图尹且有购买能力的顾客、有一定程度购买可能的顾客、不确定是否会购买的顾客三类。

在这三类顾客中，化妆品推销员应将有明显购买意图并且有购买能力的顾客作为销售的重点，向其提供有针对性的销售服务，从而提高推销活动效果，促使交易达成。

2. 根据产品选择目标顾客

绝大多数产品在生产研发之前就已经初步确定了其适合的目标顾客群体。化妆品推销员应在充分了解各类产品的基础上，对相应的目标顾客进行选择。

1）根据功能选择目标顾客

（1）日常洗护产品

日常洗护产品是化妆品市场中发展得最快的一个分类市场。由于我国幅员辽阔，国内化妆品市场在各个地理细分市场具有明显的层次差异。例如，经济较发达地区的顾客，会更多地选择购买高档护肤产品；而对于经济欠发达地区的顾客，其选择更多的则是中档或低档护肤产品。除此之外，由于日常护肤产品市场发展较快，许多新产品先后涌现，产品细化程度越来越高。

① 护肤水、乳液

护肤水、乳液具备基础的补水和保湿功能，在日常洗护产品中占据主体地位。这类产品的目标顾客一般以女性为主，但是随着人们生活质量的提高，城市中部分中青年男性也会对这类产品有需求。

② 洗面奶、沐浴乳

洗面奶、沐浴乳是人们日常生活中常用的清洁类化妆品，在日常洗护产品中地位仅次于护肤水、乳液等产品。这类产品通常以家庭为单位购买，而家庭中的已婚女性通常是家庭物资购买的主力，所以这类产品的目标顾客主要是已婚女性。

③ 洗发、护发用品

洗发、护发用品是日常洗护头发的产品，其市场日趋饱和，顾客忠诚度高，65%以上的顾客不会轻易改变购买的品牌。使得该市场增长速度缓慢，少数品牌占据大部分市场份额。同时，洗发、护发用品一般也是以家庭为单位购买的，因此，这类产品的目标顾客仍旧是已婚女性，少数情况下会有男性顾客前来购买特定品牌的洗发、护发用品。

④ 防晒产品

随着人们爱美意识的增强，防晒产品市场得到了极大的发展，市场呈现出系列化、细分化的特点。防晒产品不仅在人们日常护肤中起着重要的作用，同时在人们使用彩妆修饰类产品时，也起到防晒、保护肌肤的作用，是爱美人士必不可少的日常护肤产品。这类产品的目标顾客以爱美的女性为主，也有部分注意形象的中青年男性顾客。

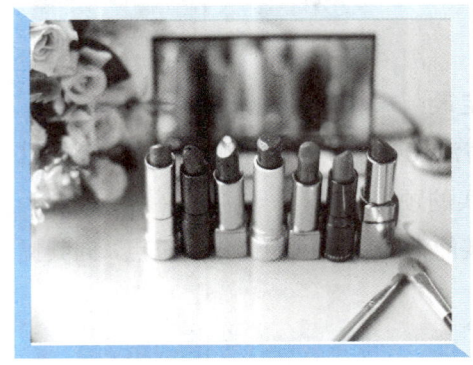

（2）彩妆修饰类产品

在日常生活中，绝大部分顾客都会有洗护需求，而化妆修饰的需求则相对较少，这使得彩妆修饰类产品的受众远少于日常洗护产品的受众，彩妆修饰类产品市场远未达到饱和的程度。因此，彩妆修饰类产品市场竞争远不如日常洗护产品市场激烈，相比于同类产品之间的相互竞争，彩妆修饰类产品更侧重于突出个人特色。所以如何吸引顾客目光，在顾客心中留下深刻印象就成了彩妆修饰类产品的主要销售重点。综上所述，彩妆修饰类产品的目标顾客主要集中在喜好美丽、个性突出、自信的职业女性和时尚女性群体中。

化妆品的那点事儿

在彩妆修饰类用品中，唇膏占据了较高的份额，其次则是香水。

（3）特殊型产品

为了满足人们对化妆品日益严苛的需求，许多化妆品企业研发了很多具有特殊功能的产品。

例如，为了满足众多喜好体育运动和形体健美的顾客的需求，化妆品企业开发出了具备防湿、防菌、防止水分流失、防臭、防汗功能且便于携带的运动型化妆品。此类产品的目标顾客是喜好体育运动的顾客。

又如，为了满足人们对天然、健康、无污染的追求，化妆品企业在产品开发中将天然原料制成的化妆品作为研发重点。此类产品的目标顾客是追求环保健康的顾客。

2）根据适用年龄选择目标顾客

化妆品营销人员一直以来将中青年女性群体作为主要目标顾客开展营销活动。而随着时代的发展，人们消费能力不断增强，儿童、男性、老年女性等群体的化妆品消费需求逐渐提高，因此针对这些群体的产品也得到了很好的发展。

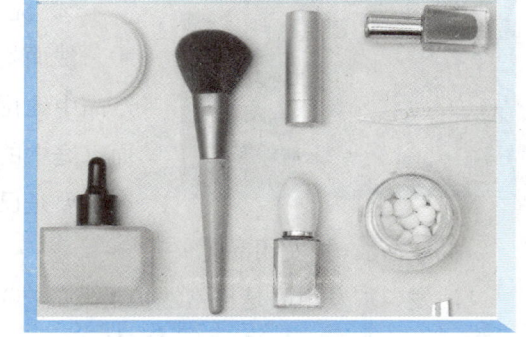

（1）儿童产品

随着家庭育儿成本的投入逐渐增多，儿童产品市场得到了很好的发展，并形成了新的消费热潮。年轻母亲作为家庭育儿的主要成员，对儿童产品的选择有着较高的话语权。据调查资料显示，市场上30%的儿童化妆品为年轻的女士所购买。所以，儿童产品的主要目标顾客是年轻的女士及参与育儿的其他家庭成员。

（2）男性产品

男性顾客群体作为一直以来被化妆品市场忽略的消费群体，近年来越来越受广大品牌商家的关注。针对男性顾客的产品和配套服务正在明显增多，更多更适合男性顾客使用的产品逐步开始上市。这类产品主要的目标顾客为男性顾客，以及少部分为家人或朋友购买产品的女性顾客。

（3）中老年女性产品

女性爱美的天性不会随着年龄的增加而减少。在物质不够富足的过去，中老年女性的需求被化妆品市场所忽略，随着人们物质生活日益丰富，针对中老年女性需求的抗衰老产品得到了很好的发展。此类产品的目标顾客是中老年女性。

任务实施 1——收集顾客信息

 活动目的

通过进行收集顾客信息的活动，帮助学生掌握与顾客信息有关的知识。

活动内容及流程

1. 前期准备

① 老师将学生 2～4 人分为一组。

② 每组学生根据本任务所学内容设置顾客信息调查问卷并交给老师。

③ 老师将各小组问卷中的有效问题综合在一起作为最终的调查问卷。

④ 各小组学生通过向周边人群（如同学、老师等）发放调查问卷，获得顾客信息。

2. 活动流程

① 各小组对自己收集到的顾客信息内容进行分析。

② 老师根据各小组设置的调查问卷内容及其对顾客信息的分析进行打分，见表 3-5 所列。

表 3-5 评 分 表

小组成员：_____

评分标准			实际得分	备 注
描述类信息	有效问题	每提出一个有效问题得 1 分		
	信息分析	每分析正确一个问题得 3 分		
行为类信息	有效问题	每提出一个有效问题得 2 分		
	信息分析	每分析正确一个问题得 3 分		
关联类信息	有效问题	每提出一个有效问题得 2 分		
	信息分析	每分析正确一个问题得 3 分		

③ 老师将各小组按照最终得分的高低进行排名，并根据情况设置活动奖品。

任务实施 2——市场细分

 **活动目的**

通过市场细分，帮助学生掌握与市场细分相关的知识。

 活动内容及流程

1. 前期准备

① 老师将任务实施 1 中学生收集到的顾客信息收集在一起，作为顾客资料库。

② 老师将学生 2~4 人分为一组。

③ 每组学生根据顾客资料库中的内容对顾客进行市场细分。

2. 活动流程

① 各小组将市场细分的结果进行整理，并派代表上台讲述细分结果和理由。

② 老师根据各小组的讲解内容进行打分，见表 3-6 所列。

表3-6 评 分 表

小组成员：					
	评分标准		满 分	实际得分	备 注
地理细分	细分标准	地理细分的划分标准正确	10		
	分析结果	将顾客划分到正确的地理细分类别	15		
人口细分	细分标准	人口细分的划分标准正确	10		
	分析结果	将顾客划分到正确的人口细分类别	15		
行为细分	细分标准	行为细分的划分标准正确	10		
	分析结果	将顾客划分到正确的行为细分类别	15		
心理细分	细分标准	心理细分的划分标准正确	10		
	分析结果	将顾客划分到正确的心理细分类别	15		
总分			100		

③ 老师将各小组按照最终得分的高低进行排名，并根据情况设置活动奖品。

项目学习效果综合测评

一、判断题

1. 消费动机是购买行为的驱动力。   （   ）

2. 一般来说，女性购买化妆品时，比男性要更为理智。   （   ）

3. 顾客购买态度可具体分成六种类型。   （   ）

4. 文化背景会影响顾客的购买决策过程。   （   ）

5. 顾客购买决策过程在化妆品推销员与顾客达成交易的同时结束。 （   ）

6. 市场细分有地理细分、人口细分、行为细分、心理细分四种分类形式。 （   ）

二、填空题

1. 大众消费动机共有九种，分别为_____、_____、_____、_____、_____、

_____、_____、_____。

2. 购买角色有_____、_____、_____、_____及_____五种。

3. 顾客消费心理更趋向于_____、_____及_____。

4. 顾客信息可以分为_____、_____和_____三类。

5. 影响顾客购买决策过程的因素有_____、_____和_____等内部因素，_____、

_____等外部因素及_____。

6. 顾客购买决策过程包含_____、_____、_____、_____及_____

五个阶段。

三、综合题

根据自己的购物经验，分析某次购买化妆品的过程中，对购买决策过程起到影响作用的因素，并总结
成 PPT 发给老师。

项目四

预约与接待顾客

　　预约与接待顾客是化妆品推销员向顾客销售化妆品的基本过程。在预约顾客的过程中，化妆品推销员会获得更多接近顾客、向顾客介绍化妆品的机会，从而吸引更多的顾客来到化妆品柜台或美容院。接待顾客是化妆品推销员向来到化妆品柜台或美容院的顾客提供销售服务或美容服务的过程，在这一过程中，化妆品推销员可以采取一定的方法和技巧来获得顾客好感，从而促使化妆品交易达成。

　　下面将分别讲述预约顾客、柜台推销的顾客接待、美容院推销的顾客接待等销售化妆品过程中应掌握的技巧。

任务一

预约顾客

任务目标

知识目标

① 熟悉预约顾客的准备工作。
② 掌握预约顾客的方法和策略。
③ 掌握接近顾客的方法和策略。

素质目标

① 能够在接近顾客的过程中，引导顾客形成购买意向。
② 具备一定的团队合作意识。

任务引入——接近顾客孙女士

　　小张是某美容院的金牌员工，作为一名经验丰富的化妆品推销员，得到了很多顾客的信赖。这天，小张前去拜访预约的顾客孙女士。

　　小张：孙女士您好，我是之前跟您预约的小张。

　　孙女士：你好。

　　小张：非常感谢您能在百忙之中抽出时间来了解我们的美容服务。我可以针对您的需求，向您介绍我们的美容方案，您有什么美容需求吗？

　　孙女士：美白吧。

　　小张：好的，孙女士。我们现在有周年店庆活动，如果您同时购买美白套餐和祛痘套餐的话还可以给您打8折，非常划算，您要不要考虑一下呢？

　　孙女士：我脸上的痘印比较重是吧？

　　小张：年轻女士或多或少都会有一些痘痘问题，再加上您的皮肤比普通人还要白一点，所以会比较明显。如果您能在美白的同时配合使用具有祛痘效果的化妆品，效果会更好。我可以为您安排一次免费的到店体验服务，您看什么时候方便呢？

　　孙女士：明天下午吧。

　　小张：好的，那我为您预约明天下午的美容服务，届时会有美容师为您提供专业的美容咨询服务，还会有精美的礼品送给您，期待您的到来。

　　思考：小张采用了什么方法接近孙女士？小张在接近孙女士前都做了哪些准备工作？

知识准备

一、预约

　　预约顾客是指化妆品推销员通过电话预约、当面预约、间接预约等方式，与顾客约定见面时间、地点、事由的营销活动，是化妆品推销员拓宽化妆品市场、打开化妆品销路行之有效的方法之一。

1. 预约顾客的准备工作

　　预约顾客前，化妆品推销员需要准备顾客资料、明确预约目的、准备产品资料、做好心理准备，以便更好地与顾客沟通，获得顾客信任。

1）准备顾客资料

顾客资料是分析整理后的顾客信息，是化妆品推销员营销活动的基础。顾客资料主要包含顾客的姓名、年龄、性别、职业、地址等基本信息，顾客的购买行为、消费心理等统计信息，以及顾客购买行为和消费心理的变化趋势等信息。化妆品推销员只有在充分掌握顾客资料的基础上，才能向顾客提供有针对性的服务。

2）明确预约目的

预约顾客是营销活动的一种，是为实现某一目的而产生的行为。因而在开展预约活动之前，化妆品推销员需要确定其预约顾客的目的，从而确定预约顾客时应采取的行为方式。预约顾客的目的可以是推销产品、市场调查、提供服务、签订合同、收取货款或与老顾客联络感情等。化妆品推销员需要根据预约目的的不同，采取不同的预约方法和策略。

3）准备产品资料

在通常情况下，化妆品推销员预约顾客的主要目的是推销产品。因此，在这种预约目的下的准备工作中，化妆品推销员需要充分了解与产品相关的知识，掌握化妆品在各个方面与其他同类化妆品的差异和优势，以便能够更好地向顾客阐述购买化妆品所能带来的好处。

4）做好心理准备

心理准备是化妆品推销员心理调整的过程。由于顾客的消费心理具备明显的独特性，所以化妆品推销员在预约不同顾客的过程中，会面临各种各样的情况，如果没有做好心理准备，就会很容易陷入负面情绪中，影响营销活动的进行。因此，在预约顾客之前，化妆品推销员要做好充足的心理准备，从而在面对挫折、受到打击时，能够保持平静的心态，从容应对。

2. 预约顾客的方式

预约顾客的方式包括电话预约、当面预约、间接预约三种。

1）电话预约

电话预约是化妆品推销员通过打电话的方式与顾客进行交流并与之达成见面意向的过程，主要包含问候顾客、自我介绍、阐述预约目的、确定预约、致谢顾客等过程。

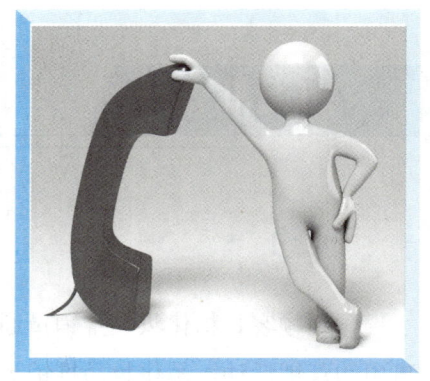

打电话是化妆品营销活动中最常见的预约顾客的方式。通过跟顾客打电话，化妆品推销员能够缩短预约花费的时间，从而能够接触到更多的潜在顾客；但是不与顾客当面接触，难以与顾客建立信任关系，因为预约成功的概率不高。因此，化妆品推销员需要采取一定的策略来提高电话预约的成功概率。

2）当面预约

当面预约是指化妆品推销员与顾客面对面交流并达成再次见面意向的过程。面对面交流是化妆品营销活动中最有效的预约顾客的方式。通过面对面交流，化妆品推销员可以向顾客准确、可靠地传递信息，并及时收到顾客反馈，有利于拉近双方距离、提高沟通效率、建立信任关系。

虽然，面对面交流的方式能够帮助化妆品推销员与顾客进行有效的沟通，增加当面预约的成功概率。但是当面预约会受时间和地点的限制，使得化妆品推销员实际沟通的顾客数量较少，预约顾客的效率不高。

3）间接预约

间接预约是指化妆品推销员通过顾客的同事、朋友或家人等第三方与之进行间接交流，并达成见面意向的过程。第三方对顾客影响力的大小决定了间接预约的成功概率，第三方对顾客的影响力越大，预约的成功概率越高。因此，化妆品推销员在间接预约顾客时，需要事先了解第三方与顾客的关系，确定其对顾客有较大的影响力，确保间接预约能够成功。

3. 预约顾客的策略

预约顾客的策略是化妆品推销员在预约顾客的过程中应遵循的能够促使预约成功的行动规则，可以帮助化妆品推销员与顾客更好地沟通，提高预约的成功概率。

1）初步接触顾客的策略

化妆品推销员预约顾客的主要对象是初次接触的新顾客，因此化妆品推销员需要采取一定的策略方法，尽可能地吸引顾客。首先，化妆品推销员应以诚恳的态度、平缓的语气与顾客沟通，从而给顾客留下良好的第一印象。其次，化妆品推销员需要精心准备开场白，以便在短时间内吸引顾客的注意，引起对方的好奇心，使对方产生继续交谈的愿望。最后，化妆品推销员要用简明精炼的话语叙述预约的事由，事由要合理、符合顾客利益，从而促使顾客产生见面的意愿。

2）约定见面的时间和地点的策略

在顾客产生见面的意愿后，化妆品推销员需要及时地与顾客约定见面的时间和地点。在这一过程中，化妆品推销员要尽可能地配合顾客，选择顾客方便的时间和地点。如果顾客的时间与化妆品推销员的时间发生冲突，化妆品推销员需要适当妥协，尽可能配合顾客，让顾客感受到被尊重和重视，从而塑造化妆品推销员在顾客心中的良好形象，使得顾客更容易形成购买意向。

 案例分享

小李是某品牌化妆品专卖店的员工，她工作积极认真，但却总是不得其法，甚至因为过于积极而导致了顾客流失。为了提高小李的销售能力，店长对小李进行了专门的培训，并要求小李通过打电话的方式预约顾客并与顾客约定见面的时间和地点，从而使小李充分地掌握与顾客交流的技巧。根据有奖登记获得的顾客资料，小李拨通了顾女士的电话。

小李："顾女士您好，我是××品牌化妆品专卖店的导购员小李。可以耽误您1分钟时间，向您介绍一下我们的产品吗？"

顾女士："好的。"

小李："××的化妆品采用中药配方，成分天然无刺激，非常适合敏感类肌肤使用。资料显示您是敏感类肌肤，请问您有使用过我们的产品吗？"

顾女士："有。"

小李："好的，那请问您使用的效果怎么样呢？使用产品后，您是否有过敏的症状出现呢？"

顾女士："没有过敏，不过效果不是很好。"

小李："好的，顾女士。请问您使用的是我们哪个系列的化妆品呢？"

顾女士："不是很清楚，就是之前填写问卷送的小样，黑色包装。"

小李："那应该是清爽系列的化妆品，比较适合油性皮肤使用。"

顾女士："我是干性皮肤。"

小李："那您可能更适合我们滋润系列的化妆品。为表诚意，我们可以派人前去拜访您，为您介绍适合您的化妆品并赠送您小样，您什么时间方便呢？"

顾女士："明天中午吧。"

小李："好的。那我们明天中午哪里见呢？"

顾女士："××区××路×号。"

小李："好的，顾女士。那请问您几点比较方便呢？"

顾女士："12点吧。"

小李："好的，我们会在明天12点之前到达，期待与您的见面。"

二、接近

接近顾客是化妆品推销员在成功预约顾客后，与顾客在约定的时间和地点见面、交流的过程。在接近顾客的过程中，化妆品推销员需要引起顾客注意，并激发顾客对化妆品的兴趣，从而引导顾客形成购买意向。

1. 接近顾客的准备工作

在接近顾客之前，化妆品推销员需要做好充分的准备，以便在接近顾客的过程中能够从容应对。首先，化妆品推销员需要根据顾客资料进一步分析要接近的顾客，并根据顾客的购买习惯、支付能力等条件选择适合顾客的产品进行推销；其次，化妆品推销员需要根据推销的产品及顾客的喜好制订营销方案，营销方案要从顾客感兴趣的话题入手，尽可能地吸引顾客的注意力；最后，根据制订的营销方案，化妆品推销员需要准备宣传物料和产品，以便向顾客全面具体地介绍化妆品。

2. 接近顾客的方法

在接近顾客的过程中，通过采取一定的方式方法，化妆品推销员可以更有效地与顾客进行沟通，从而令顾客对化妆品产生了解的兴趣，形成购买意向。

1）利益接近法

利益接近法是指化妆品推销员通过向顾客阐述购买或使用化妆品所带来的好处，使顾客产生了解化妆品的兴趣的接近方法。这个好处可以是化妆品的优惠活动，也可以是化妆品的使用效果，或者是购买化妆品这一行为对其财富、地位的彰显。利益接近法需要化妆品推销员结合顾客的实际情况，针对不同顾客的利益需求特点，向顾客介绍购买或使用化妆品所能带来的好处，从而促使顾客产生了解化妆品的兴趣，形成购买意向。

2）演示接近法

演示接近法是指化妆品推销员通过演示如何使用化妆品来吸引顾客的注意，从而使顾客产生了解化妆品的兴趣的接近方法。通过演示接近法，化妆品推销员可以向顾客形象地展示化妆品的使用方法或使用效果，加深顾客对化妆品的印象，促使顾客形成购买意向。

3）问题接近法

问题接近法是指化妆品推销员通过向顾客提出问题来吸引顾客注意，从而使顾客产生了解化妆品的兴趣的接近方法。通过问题接近法，化妆品推销员可以帮助顾客找出问题、分析问题并解决问题，从而引起顾客对化妆品的兴趣，形成购买意向。

推销员的私房话

在使用问题接近法的过程中，化妆品推销员要注意：问题的内容要简练、具体，表述问题时要尽量做到清晰、明确，询问的语气要温和。

任务实施 1——模拟预约顾客

活动目的

通过做游戏的方式，让学生练习预约顾客。

活动内容及流程

① 老师将学生分成顾客组和销售组两个大组。

② 顾客组学生为被预约的对象，销售组学生为预约顾客的化妆品推销员。

③ 顾客组学生自行设定自己的外在条件和行为习惯等顾客资料，并统一上交给老师。

④ 老师根据学生上交的顾客资料制作一个抽签桶。

⑤ 销售组学生依次抽取要预约的顾客，并自行从表 4-1 中选择要销售的化妆品。

表 4-1　化妆品举例

类　别	化妆品举例
清洁类化妆品	洁面乳、清洁霜、磨砂膏、去死皮膏、香皂、卸妆油
护理类化妆品	乳液、润肤霜、精华素、护肤水、冷霜、按摩膏、防晒霜、面膜
美容/修饰类化妆品	香水、口红、粉底、腮红、指甲油
特殊用途化妆品	粉刺霜、祛斑霜、止汗露、狐臭露、健美霜

⑥ 销售组学生根据顾客资料和选择的化妆品做好预约顾客的准备工作，并确定约顾客的方式。

⑦ 销售组学生分别与要预约的顾客进行预约交流。

⑧ 老师根据销售组学生的表现在表 4-2 中打分。

表 4-2　评　分　表

学生姓名：_____

评分标准		满　分	实际得分	备　注
准备工作	顾客特点分析准确	20		
	产品优势分析正确	20		
	心理准备充分	20		
预约过程	预约语气合适	20		
	预约事由正当	20		
总分		100		

⑨ 活动结束后，两组学生交换身份，重复上述练习。

任务实施 2——模拟接近顾客

 活动目的

通过做游戏的方式，让学生练习接近顾客。

活动内容及流程

① 老师将学生分成顾客组和销售组两个大组。

② 顾客组的学生扮演顾客，并设定自己的外在条件和购买习惯。

③ 销售组的学生扮演专卖店员工。

④ 顾客组的学生从销售组中挑选出一名要约见的对象，并告知对方自己的外在条件和购买习惯。

⑤ 销售组的学生根据已知信息做好准备，并接近顾客。

⑥ 老师根据销售组学生的表现在表 4-3 中打分。

表4-3　评　分　表

学生姓名：＿＿＿＿＿＿＿＿

	评分标准	满　分	实际得分	备　注
准备工作	营销方案合理	40		
	物料准备充分	15		
接近方法	熟练使用利益接近法	15		
	熟练使用演示接近法	15		
	熟练使用问题接近法	15		
	总分	100		

⑦ 活动结束后，两组学生交换身份，重复上述练习。

任务二

柜台推销的顾客接待

任务目标

知识目标

① 了解接待顾客的步骤。
② 掌握接待顾客的技巧。

素质目标

① 能正确接待不同类型的顾客。
② 具备一定的团队合作意识。

任务引入——热情的小李（二）

　　小李是某品牌化妆品专卖店的员工，她年轻有活力，但也因为销售经验不足而造成了店内顾客的流失。经过店长的专门培训及与顾客交流的多番练习，小李终于成为一名合格的化妆品导购员。

　　这天，一位顾客来到店里，小李仍旧积极热情地接待了她。

　　小李：您好，欢迎光临，请问有什么可以为您服务的吗？

　　顾客：我想随便看看。

　　小李：好的，如果您有需要的话可以随时叫我。

　　顾客：好的。

　　顾客在店里四处浏览，最终在香水柜台停住了脚步，拿起一瓶香水看了看。

　　小李：您真有眼光，这是我们店里的经典款，很多顾客都在使用。

　　顾客：是挺好闻的。

　　小李：您可以几款一起对比一下，如果有需要的话我可以为您详细讲解。

　　顾客：好的，我先看一下。

　　顾客分别拿起了几款不同的香水，依次闻了一下，最终留下了两款香水，示意小李。

　　顾客：我想要日常上班用的话，哪款更合适呢？

　　小李：您左手边这款是混合花香型，香味比较浓烈；您右手边这款是植物香型，比较清香淡雅，您更喜欢哪一类的呢？

　　顾客：那就右边这个吧。

　　小李：好的，需要我为您包起来吗？

　　顾客：包起来吧。

　　小李：好的，您还有什么需要的吗？

　　顾客：没有了，结账吧。

　　经过店长的培训，小李成功地与新顾客达成了交易。思考：在接待顾客的过程中小李使用了哪些接待技巧呢？小李接待的顾客属于哪种类型呢？

知识准备

　　柜台推销的顾客接待是化妆品推销员迎接顾客进店及针对顾客特点向顾客推销化妆品的过程，主要包括迎接顾客、了解顾客、说服顾客、售后服务等工作。其中，说服顾客是指化妆品推销员通过介绍产品、消除顾客疑虑而促使顾客购买化妆品的过程。

推销员的私房话

了解顾客开始于说服顾客之前，结束于说服顾客之后，是一个持续进行的过程。

化妆品推销员不仅要了解顾客接待步骤，还要掌握一定的顾客接待技巧，以便在顾客来到化妆品柜台后，能够留住顾客、吸引顾客的注意力，从而让顾客更进一步地了解化妆品，并产生购买化妆品的意向。此外，在面对不同类型的顾客时，化妆品推销员应当采用不同的接待技巧，向不同类型的顾客提供有针对性的服务。

一、柜台推销的顾客接待技巧

在这一过程中，化妆品推销员的主要任务是尽可能地获得顾客信任，让顾客自然而然地接受化妆品推销员的销售服务。因此，化妆品推销员要能够在合适的时机迎接顾客并引起顾客的注意，自然地将顾客对化妆品的兴趣转化成了解化妆品的行为。与此同时，化妆品推销员还要在接待顾客的过程中快速地判断顾客的需求特点，根据顾客需求特点制订不同的营销方案，从而向顾客提供有针对性的销售服务。

1. 迎接顾客的技巧

顾客来到化妆品柜台后，会短暂地对化妆品产生想要了解的欲望。化妆品推销员应当把握时机，在顾客想要了解化妆品时，及时地与之沟通，将其了解化妆品的欲望变成实际行动。

1）及时地吸引顾客进店

路过化妆品柜台的顾客通常会不自觉地被柜台上布置的海报吸引。化妆品推销员要能够注意到这类顾客，并及时地上前和对方交流，邀请对方前来了解其感兴趣的化妆品。

在接待这类顾客时，化妆品推销员需要遵循"515"法则，即在顾客驻足的 5 秒内发现顾客，并在 15 秒内上前与之交流，邀请其来到柜台了解化妆品，以免顾客因为兴趣降低而选择离开。化妆品推销员在上前接待顾客时，应提前判断顾客感兴趣的化妆品，并在与顾客交流的第一时间，向其发放该化妆品的资料或传单，并配以简单扼要、有说服力的介绍，从而促使顾客产生想要进一步了解化妆品的行为。

随学随练

如果你是化妆品推销员，会如何与在海报前驻足的顾客沟通呢？

2）给予顾客自由浏览的空间

多数来到化妆品柜台的顾客都没有明确的购买目的，他们可能只是通过闲逛的方式来打发时间或放松心情。在面对这类顾客时，化妆品推销员要能够给予对方足够的空间，让对方在轻松、舒适的氛围下浏览化妆品，并在顾客遇到感兴趣的化妆品时，或顾客已经逛了柜台2/3时，及时地上前与顾客进行沟通，礼貌地问询对方是否需要帮助或建议。

2. 了解顾客的技巧

了解顾客是指化妆品推销员根据顾客的外在条件、行为举止及购买角色，对顾客进行分析的过程。在迎接顾客后，化妆品推销员会在短时间内对顾客有一个初步的了解，并根据了解到的信息判断出顾客所属的类型，从而向顾客介绍合适的产品并为之提供有针对性的服务。

在向顾客介绍产品、提供服务的过程中，化妆品推销员会与顾客做进一步的交流，从而获得更多的顾客信息，对顾客有更深入的了解。在此过程中，化妆品推销员可以更清楚地知道顾客的喜好和习惯，从而向顾客推荐令其满意的产品，提高成交概率。

3. 与顾客交流的技巧

在与顾客交流的过程中，化妆品推销员不仅要及时迎接顾客、了解顾客的需求特点，还要掌握一定的说话技巧，用顾客能够接受的方式表述自己的观点或遇到的状况，见表4-4所列。

表4-4 与顾客交流的技巧

技　巧	举　例
避免使用否定式语句	否定式："没有××产品了。" 改进："××刚卖完，过两天就会来货。"
避免使用命令式	命令式："稍等一会儿。" 改进："请您稍微等一下。"
不要说指责顾客的话语	指责式："是您的使用方法不对！" 改进："实在抱歉，是我们没有向您说明使用方法。"
多用询问式语句	"这款产品真的很适合您，您觉得呢？" "您觉得这样可以吗？"
适时地向顾客表达歉意	"实在抱歉，让您久等了。"
善于说赞美的话	"您的眼光真不错，这是今年的流行款。"

二、不同类型顾客的接待方法

在日常销售工作中，化妆品推销员会遇到各种类型的顾客。在接待不同类型的顾客时，化妆品推销员需要采取不同的接待方法，从而提供有针对性的销售服务，促使化妆品交易达成。下面我们将分别介绍化妆品推销员在接待不同类型顾客时，应采取的具体方法。

1. 接待目的明确的顾客

目的明确的顾客通常对某些品牌有所偏好。这些偏好的形成可能是因为良好的购买或使用经验，也可能是因为身边人的强烈推荐，使得这类顾客对某些特定品牌化妆品比较了解和信赖，从而产生强烈的购买意向。因此，在接待这类顾客时，化妆品推销员不需要过多地介绍化妆品，而是要将服务重点放在倾听顾客需求，满足顾客需求中。在顾客提出明确的需求后，化妆品推销员要及时地准备好化妆品，并尽可能迅速地完成交易，节省顾客时间，提高顾客满意度。

2. 接待左顾右盼的顾客

左顾右盼的顾客通常没有明确的购买意向，在来到化妆品柜台后会广泛地浏览各类商品，但不会对商品有所偏好。在接待这类顾客的过程中，化妆品推销员需要具备十足的耐心，为顾客详尽地介绍使用化妆品所能带来的好处，用产品利益来打动顾客，促使交易达成。

3. 接待犹豫不决的顾客

犹豫不决的顾客通常会对多个化妆品产生兴趣，但可能由于其购买经验较少，缺乏衡量对比化妆品的能力，所以会在挑选化妆品时犹豫不决。在接待这类顾客的过程中，化妆品推销员需要主动上前，并询问顾客是否需要帮助，在顾客提出问题后热情地表达自己的看法及原因，积极地帮助顾客做出选择，从而促使交易达成。

4. 接待内向安静的顾客

内向安静的顾客不善与人交谈，不会轻易表露自己的喜好，会下意识地回避和化妆品推销员的接触。在接待这类顾客的过程中，化妆品推销员首先要细心地观察顾客，发现顾客身上的优点；然后主动上前与之交流并称赞对方，从而消除对方的紧张感，创造一个轻松的环境；最后在对方放松的情况下，询问对方对化妆品的需求，并为其介绍产品，促使交易达成。

5. 接待外向热情的顾客

外向热情的顾客通常会主动地与他人接触和交流，并积极地表达自己的喜好和需求。在接待这类顾客的过程中，化妆品推销员不仅要实事求是地介绍化妆品的优缺点，还要善于倾听，让对方将自己想说的话都表述出来，从而了解对方的需求，向其有针对性地介绍产品，促使交易达成。

6. 接待谦虚谨慎的顾客

谦虚谨慎的顾客待人诚恳且内心坚定，他们通常会耐心地倾听化妆品推销员的讲解，并相应地给出积极的回应，但是在选择化妆品时，仍旧会遵从自己的想法，不会因为化妆品推销员的建议而轻易地改变。在接待这类顾客的过程中，化妆品推销员不仅要如实地向顾客介绍化妆品，还要认真询问顾客的需求和想法，根据顾客的需求和想法来提供相应的帮助，从而促使交易达成。

7. 接待善于思考的顾客

善于思考的顾客通常会在挑选化妆品前仔细地了解各类化妆品的优缺点，并认真地思考和分析，从而做出最合适的选择。在接待这类顾客的过程中，化妆品推销员不仅要详细地介绍化妆品的优缺点，还要如实地回答顾客提出的各类问题，并给予顾客足够的思考时间，让顾客在充分思考后，选择出最合适的化妆品，并达成交易。

8. 接待客气疏离的顾客

客气疏离的顾客通常待人礼貌、态度温和，但不愿与化妆品推销员进行过多的交谈，不会轻易地表达自己的喜好，化妆品推销员很难了解到对方内心的真实想法。在接待这类顾客的过程中，化妆品推销员需要时刻关注对方，在对方遇到问题、需要帮助时主动上前、礼貌问询，并根据对方提出的要求来提供相应地服务，从而促使交易达成。

推销员的私房话

在面对不同顾客时，化妆品推销员要能够采取相应的方法，帮助顾客找到合适的化妆品，促使化妆品交易达成。

任务实施——模拟柜台接待

 **活动目的**

通过做游戏的方式，让学生掌握本任务所学内容。

 **活动内容及流程**

① 老师将学生分成顾客组和销售组两个大组，顾客组的学生自由组队作为购买化妆品的顾客群体，销售组的学生 2～4 人一组作为销售化妆品的销售团队。

② 每个顾客群体中的学生都要自行选择自己的特点和类型。

③ 销售团队自行挑选要销售的化妆品的种类，见表 4-1 所列。

④ 顾客群体分别到各个销售团队的化妆品柜台挑选化妆品，并做出购买或不购买的决定。

⑤ 在每个销售团队都服务过所有的顾客群体后，游戏结束。

⑥ 老师根据销售团队的表现，为其打分，见表 4-5 所列。

表 4-5 评 分 表

销售团队：		满 分	实际得分	备 注
	评分标准	满 分	实际得分	备 注
接待技巧	及时地迎接顾客	30		
	很好地了解顾客	20		
	正确地与顾客交流	20		
正确接待不同类型的顾客		30		
总分		100		

⑦ 活动结束后，两组学生交换身份，重复上述练习。

任务三

美容院推销的顾客接待

任务目标

知识目标

① 了解美容院化妆品推销员的主要工作内容。

② 掌握美容院推销的顾客接待步骤。

③ 掌握和顾客拉近距离的技巧。

④ 掌握获得顾客信任的技巧。

素质目标

① 具备通过向顾客提供咨询服务获得顾客信任的能力。

② 具备一定的团队合作意识。

任务引入——接待顾客孙女士

在美容院员工小张的热情推荐下，顾客孙女士接受了到店美容的体验服务邀请。这天，孙女士应约来到了美容院，美容师小王接待了她。

小王：您好，欢迎光临。我是美容师小王，很高兴为您服务！请问该怎么称呼您呢？

孙女士：我姓孙。

小王：孙女士您好，请这边坐。请问您之前有了解过我们的服务吗？您有哪些需要咨询的美容问题呢？

孙女士：昨天有人来找过我，还给我预约了到店体验。

小王：好的，请您说一下您的手机号。

孙女士：139××××××××。

小王根据孙女士的手机号快速地查找了顾客预约记录，并找到了孙女士的登记信息。

小王：记录显示您是预约了今天下午的美容体验，美容需求是美白和祛痘。

孙女士：对。

小王：好的，孙女士。根据您的美容需求，我建议您选择我们的中药祛痘美白方案。您要不要体验一下呢？

孙女士：好的。

小王引导孙女士来到美容室，为孙女士提供美容服务。

小王：孙女士，现在为您试用的是我们的祛痘产品，这款产品的主要成分有楮实、白及、升麻、甘松、白芷、白丁香等中药材，触感清凉、味道清香，具有清热去火、升发痘毒的功能。使用这款产品不仅可以帮您祛除痘痘，还可以有效地防止痘痘复发。

孙女士：闻起来是不错，这款产品不能美白吗？

小王：这款产品的主要作用是调理您的肌肤，改善您的痘痘问题。针对您的美白需求，我们后续会为您使用含有烟酰胺的美白产品。烟酰胺可以有效地抑制黑色素形成，令您的肌肤更加白皙，同时还可以为您淡化黑色痘印，使您的皮肤显得更加晶莹剔透。

孙女士：所以是要先祛痘再美白吗？

小王：是的。如果祛痘和美白同时进行的话，您痘印的淡化效果可能会打一些折扣，所以更推荐您在祛痘完成后，再开始美白。

孙女士：好像也挺有道理的，那就先祛痘吧。

思考：小王接待孙女士的步骤是什么？小王是如何向孙女士提供咨询服务的？

知识准备

在化妆品柜台工作的化妆品推销员与在美容院工作的化妆品推销员，两者的工作内容不尽相同，前者的主要工作是向顾客提供销售服务，而后者的主要工作则是向顾客提供以化妆品为载体的美容服务，如皮肤护理、身体护理等。与快速便捷的销售服务不同，美容服务是一个长期的过程，需要化妆品推销员深入顾客的生活中，与其维持长久的联系。因此，在美容院工作的化妆品推销员在接待顾客的过程中，不仅要将化妆品销售出去，还要让顾客对其专业水平、服务态度等方面都感到满意，以便美容服务能够长期持久地进行下去。

一、美容院推销的顾客接待步骤

美容院推销的顾客接待是美容院的化妆品推销员向新顾客推销美容服务方案的过程，可以分为互相认识、了解需求、提供方案、达成交易、跟进服务五个步骤。

1. 互相认识

化妆品推销员在接待顾客的过程中，需要尽快地与顾客熟悉起来，并给顾客留下良好的印象，从而让顾客产生和化妆品推销员进一步沟通的意愿。因此，在顾客来到美容院后，化妆品推销员需要及时上前，并热情地向顾客介绍自己，从而加深顾客对自己印象。同时，化妆品推销员还要礼貌地询问顾客姓名，让双方在相互认识的基础上进行更有效的沟通。

2. 了解需求

在与顾客互相认识后，化妆品推销员可以通过进一步地观察和沟通得知顾客的需求。首先，通过观察，化妆品推销员可以了解顾客的皮肤状况，从而知道顾客的潜在需求；然后，通过询问，化妆品推销员可以知道顾客的偏好；最后，结合顾客的皮肤状况和个人偏好，总结出顾客需求。

3. 提供方案

在了解顾客需求后，化妆品推销员需要根据美容院现有的美容服务，向顾客介绍合适的方案。首先，化妆品推销员可以帮助顾客细化需求，将顾客的需求内容进行分类；然后，针对顾客的不同需求，提供相应的解决方法；最后，根据自身掌握的美容知识和技能，帮助顾客综合各类解决方法，总结出最适合顾客的方案。在向顾客提供方案的过程中，化妆品推销员要为顾客进行详细的解释，以专业知识为核心，向顾客进行描述，帮助顾客了解所提供方案的优点和特色。

推销员的私房话

在向顾客介绍方案的过程中，化妆品推销员尽量不问用简单的"是"或"否"就可以回答的问题，而应通过让顾客选择的方式来使谈话继续。

4. 达成交易

在向顾客提供方案后，化妆品推销员需要采取一定的方式方法来打动顾客，促使交易达成。首先，化妆品推销员可以通过为顾客做免费的美容护理，来向顾客展示方案的效果，从而让顾客相信化妆品推销员的介绍。其次，化妆品推销员需要站在顾客的角度尽可能地为顾客着想，向其提供优惠，用最经济实惠的方案打动顾客，让顾客在得到服务的同时享受到实惠，令顾客满意。最后，在顾客对方案和价格感到满意后，化妆品推销员要及时确认交易，第一时间向顾客提供收银服务，以免顾客因想法改变而终止交易。

推销员的私房话

美容服务的服务周期较长，一般会持续数月甚至数年之久。因此在达成交易后，化妆品推销员还要继续向顾客提供服务，并努力获得顾客信任，提高顾客满意度。

5. 跟进服务

在交易达成后，化妆品推销员便开始向顾客提供美容服务及后续的咨询服务，以便满足顾客需求，得到顾客认可。

二、美容院推销的顾客接待技巧

美容院顾客接待的重点是化妆品推销员与顾客形成长期稳定的信任关系，并吸引顾客定期前来接受美容服务。因此，化妆品推销员需要掌握一定的接待技巧，从而与所有进店的顾客拉近距离，并获得顾客的信任。

1. 拉近距离的技巧

拉近距离是获得顾客信任的基础，化妆品推销员可以通过赞美顾客来快速地与顾客建立联系，从而拉近两人之间的距离。然后，通过倾听顾客，化妆品推销员可以获得顾客的好感，从而更进一步地拉近与顾客之间的距离，为获得顾客信任打下良好的基础。

1）赞美顾客

每个人都渴望别人真诚的赞美，如果化妆品推销员能够在顾客来到美容院后，对顾客身上的优点进行赞美，那么她便能够与顾客快速地拉近距离。

首先，化妆品推销员需要发现顾客身上的优点，并通过合适的语言对这些优点进行赞美，顾客的长相、衣着、举止、谈吐等都可以成为被赞美的内容。但是，化妆品推销员在赞美顾客时一定要贴合实际，不能盲目夸赞顾客，否则会给人刻意、虚伪的感觉。例如，来到美容院的顾客衣着舒适简单，就不能称赞顾客时尚靓丽，不然会给顾客以虚假的感觉，令顾客产生抵触情绪。

其次，化妆品推销员在赞美顾客时，要明确具体且言之有物。例如，来到美容院的顾客时尚靓丽，如果简单地用"非常时尚""非常漂亮"等词语笼统地称赞顾客，会给顾客以废话连篇的感觉，因此，在夸赞顾客时，要具体称赞顾客某个具体的装扮细节，让顾客感受到重视和真诚。

最后，在面对不同顾客时，化妆品推销员要能够采用不同的赞美方式。例如，化妆品推销员在面对外向活泼的顾客时，可以直接、热情地称赞顾客；在面对内敛含蓄的顾客时，化妆品推销员可以委婉间接、点到为止地称赞顾客，从而让不同类型的顾客都感受到舒适和愉悦。

2）倾听顾客

与化妆品柜台的顾客接待相同，美容院推销的顾客接待同样需要掌握一定的倾听方法和技巧。每个人都有倾诉内心感受的欲望，化妆品推销员需要在与顾客沟通的过程中，耐心地倾听顾客、给予顾客及时的正向回馈并站在顾客立场来理解顾客，从而让顾客在表达其内心真实想法的同时，感受到化妆品推销员对顾客的尊重和重视，最终达到获得顾客好感，拉近和顾客之间距离的目的。

推销员的私房话

倾听顾客不仅可以帮助化妆品推销员更进一步地获得顾客好感，还可以让化妆品推销员从顾客的语言中获得更多的顾客信息。

2. 获得信任的技巧

这里所说的信任是指顾客在理性分析的基础上对美容院产品或服务的肯定、认同和信赖。要想获得顾客的信任，化妆品推销员就需要从顾客的需求出发，通过满足顾客的个性化需求，来增强顾客体验，进而获得顾客信任。

1）观察顾客

一个人的着装品位、化妆风格、走路姿势、身体语言等外在表现都会透露出其明显的个人特点。通过观察顾客，化妆品推销员可以对顾客的皮肤状况、收入情况、个人偏好等条件有一个大致的了解，从而对顾客的个性化需求有一个初步的判断。例如，皮肤有痘痘的顾客会有祛痘的需求，以白为美的顾客即使皮肤很白也会有美白的需求。

推销员的私房话

观察顾客发生在顾客接待的整个过程中。化妆品推销员可以在赞美顾客、倾听顾客的同时对顾客的状态和反应进行观察，从而在拉近距离的同时了解顾客需求。

2）提供咨询服务

咨询服务是指化妆品推销员在顾客初次进店后或做美容护理时，根据顾客的皮肤状况或顾客提出的问题，向顾客提供相应的美容方案建议和美容知识讲解服务的过程。

首先，根据了解到的顾客需求，化妆品推销员可以向顾客推荐不同的美容方案，并根据方案的特点向顾客讲解相应的美容知识，从而利用自身专业的美容知识技能帮助顾客解决美容问题。例如，顾客有严重的痘痘问题，那么化妆品推销员就需要向顾客介绍能够祛痘的美容方案，并向顾客解释该方案能够祛痘的

原因。在这一过程中，化妆品推销员不能完全依照顾客喜好，而是要结合顾客的实际情况，从专业的角度分析顾客需求，引导并说服顾客选择最合适的方案。

其次，在向顾客讲解美容知识的过程中，化妆品推销员需要用词准确，不可盲目吹嘘、把话说死、不留余地，以免顾客对美容服务产生过高的预期，导致无法满足顾客需求。化妆品推销员在讲解美容知识时，要尽量使用容易理解的语言，准确、清晰、实事求是地将美容知识解释给顾客。

最后，在遇到因顾客对产品或服务的错误认知而产生误解的情况时，化妆品推销员要能够用委婉的方式让顾客意识到自己在理解上的问题，避免因直接指出顾客错误而与顾客产生正面冲突。

为了达成交易，化妆品推销员需要用充分的理由来说服顾客接受推荐的方案，并尽量避免使用目的性强的词语，以免因顾客反感和警惕而产生反面作用。

获得顾客信任是一个长期的过程。通过观察顾客和向顾客提供咨询服务，化妆品推销员可以快速地获得顾客信任。但是，化妆品推销员也需要持续地给顾客正向的引导，向顾客提供良好的服务，以达到巩固顾客信任的目的，从而使顾客长期稳定地选择其提供的美容服务。

任务实施——模拟美容院接待

 活动目的

通过做游戏的方式，让学生掌握本任务所学内容。

活动内容及流程

① 老师将学生分成顾客组和销售组两个大组。
② 顾客组的学生作为来美容院咨询的顾客，销售组的学生作为美容院的化妆品推销员。
③ 顾客组的学生自行设定自己的皮肤特点、外在条件和行为习惯等资料，并统一上交给老师。
④ 老师根据学生上交的资料制作一个抽签桶。
⑤ 销售组学生依次抽取要服务的顾客，并为顾客制订几类美容方案。
⑥ 销售组学生分别与抽中的顾客进行交流。
⑦ 老师根据销售组学生的表现打分，见表4-6所列。

表 4-6　评　分　表

学生姓名：_____

评分标准		满　分	实际得分	备　注
	接待步骤正确	10		
拉近顾客距离	合理地赞美顾客	15		
	很好地倾听顾客	15		
获得顾客信任	细致地观察顾客	20		
	给出合理的美容方案建议	20		
	正确地进行美容知识讲解	20		
	总分	100		

⑧ 活动结束后，两组学生交换身份，重复上述练习。

项目学习效果综合测评

一、判断题

1．化妆品推销员要想预约顾客需要做一定的准备工作。　　　　　（　　）

2．化妆品推销员仅有电话预约一种预约顾客的方法。　　　　　　（　　）

3．化妆品推销员可以通过演示如何使用化妆品的方式接近顾客。（　　）

4．在顾客想要了解化妆品时，化妆品推销员要能够给予顾客一定的空间。（　　）

5．化妆品推销员要在顾客倾诉的时候积极表达自己的意见。　　　（　　）

6．柜台的化妆品推销员在接待不同类型的顾客时，可以采取相同的接待方法。（　　）

7．美容院推销的顾客接待是美容院的化妆品推销员向新顾客推销美容服务方案的过程。（　　）

二、填空题

1．问题接近法是指化妆品推销员通过_____来吸引顾客注意，从而使顾客产生了解化妆品的兴趣的接近方法。

2．"515"法则是指化妆品推销员在顾客驻足的_____秒内发现顾客，并在_____秒内二前与之交流，邀请其来到柜台了解化妆品，以免顾客因为_____而选择离开。

3．在与顾客交流的过程中，化妆品推销员不仅要_____、_____，还要掌握一定的_____，用顾客能够接受的方式表述自己的观点或遇到的状况。

4．在接待不同类型的顾客时，化妆品推销员需要采取不同的_____，从而提供有针对性的销售服务，促使化妆品交易达成。

5.美容院推销的顾客接待可以分为＿＿＿＿＿＿、＿＿＿＿＿＿、＿＿＿＿＿＿、＿＿＿＿＿＿、
＿＿＿＿＿五个步骤。

6.＿＿＿＿＿＿是获得顾客信任的基础，化妆品推销员可以通过＿＿＿＿＿＿和＿＿＿＿＿＿拉
近和顾客之间的距离。

三、综合题

根据本项目所学内容，总结化妆品柜台接待顾客和美容院接待顾客的异同点。

项目五

介绍产品

　　介绍产品是每位化妆品推销员必须掌握的专业技能。化妆品推销员要能够根据顾客的实际需求向其介绍合适的产品。因此，化妆品推销员需要先了解顾客需求，然后根据顾客需求挑选出适合顾客的产品，并介绍给顾客。

任务一

了解顾客需求

任务目标

知识目标

① 掌握影响顾客选择产品的因素。
② 掌握了解顾客需求的方式。

素质目标

① 能够根据顾客信息了解顾客需求。
② 具备一定的团队合作意识。

任务引入——推销员小李

　　小李是某品牌专卖店的员工，经过长时间的学习和练习，小李从一名经常犯错的职场新人逐渐成长为一名合格的化妆品推销员，并成功地达成了工作以来的第一笔交易。这天，正在上班的小李接待了一位到店闲逛的女士，在这位女士逛完店铺的 2/3 时，小李主动上前询问。

　　小李："您好，请问您是想了解护肤品还是彩妆呢？"

　　女士："护肤品，我最近皮肤有点干。"

　　小李："的确，现在是秋冬季节，空气会比较干燥。您可以使用一些保湿类的护肤品，保湿喷雾、保湿化妆水、保湿霜、保湿面膜都是不错的选择。"

　　女士："我想挑一个随时都可以用的。"

　　小李："那您可以选择保湿喷雾。保湿喷雾可以随身携带，使用时喷涂于面部即可。"

　　女士："那你们这里都有什么样的保湿喷雾呢？"

　　小李："我们店里主要在售的保湿喷雾有经典热销款和明星爆款两类，每类喷雾都有不同的套餐可供选择。您有什么具体要求吗？我可以根据您的要求为您介绍。"

　　女士："明星爆款是新品吗？我想看看你们这儿的最新款。"

　　小李："是的，明星爆款保湿喷雾是我们店里今年秋季的主打产品，保湿效果非常好，很多明星都在使用。这款保湿喷雾不仅能够补水，还可以彰显使用者的品位和时尚。很多顾客来到店里都会购买这款产品，当然也不是所有顾客都有这么高的消费能力，您要不要试试看？"

　　女士："嗯，听起来还挺心动的，可以试试看。"

　　思考：影响女士的需求是什么？小李是如何了解到她的需求的？

知识准备

　　了解顾客需求是化妆品推销员向顾客介绍产品的重要环节，也是化妆品推销员向顾客推荐合适产品的基础。

一、影响顾客选择产品的因素

　　顾客需求是顾客消费动机的产生原因。需求不同的顾客会产生不同的消费动机，从而选择不同的产品。因此，可以将影响顾客选择产品的因素按照顾客消费动机的不同划分为以下九类。

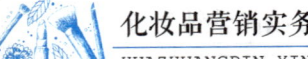

1. 产品的使用价值

产品的使用价值是产品自身能够满足人们某种需要的属性。顾客购买产品的最终目的是满足需求，具备求实动机的顾客会更多地关注产品满足其需要的程度，因此产品的使用价值就会成为影响这类顾客选择产品的主要因素。

2. 产品的新颖性

产品的新颖性是指产品自身或产品的服务新鲜别致，与其他同类产品相比有明显的不同特点的属性。具备求新动机的顾客在挑选商品时会更多地关注产品区别于其他同类产品的特点，因此产品的新颖性就会成为影响这类顾客选择产品的主要因素。

3. 产品的外观

产品的外观是指产品外表的样子，它决定了顾客对产品的第一印象。不同的产品外观能够带给顾客不同的视觉感受，外观时尚美丽的产品更容易获得顾客的好感。具备求美动机的顾客在挑选商品时会更多地考虑产品外观的艺术性和美感，对产品外观的颜色、款式、包装等因素会格外关注，因此产品的外观就会成为影响这类顾客选择产品的主要因素。

4. 产品的名声

产品的名声是指顾客群体对产品品牌的知名度、信誉等的评价，知名度高、信誉好的产品能够帮助顾客避免出现质量问题，从而更容易获得顾客认可。具备求名动机的顾客对名声好的产品有较高的信任度和忠诚度，因此产品的名声就会成为影响这类顾客选择产品的主要因素。

5. 产品的性价比

产品的性价比是指产品的品质、服务、形象等与其价格所形成的比率。产品价格是购买活动中最令顾客敏感的因素，顾客总是希望能够用尽可能少的货币获取尽可能多的利益，因而大部分顾客都会有求廉的消费动机。具备求廉动机的顾客对性价比高的产品有更大的倾向性，因此产品的性价比就会成为影响这类顾客选择产品的主要因素。

6. 产品的便捷性

产品的便捷性是指产品能够让顾客快而方便地购买或使用的属性。具备求便动机的顾客对产品购买和使用过程中所花费的时间及便利程度有较高的要求，对省时、便利的产品有更高的满意度，因此产品的便捷性就会成为影响这类顾客选择产品的主要因素。

7. 产品的流行性

产品的流行性是指产品在顾客群体中广泛传播的属性。具备模仿动机的顾客会有与群体中大部分成员保持一致的心理，会不自觉地与其他成员同步，因此产品的流行性就会成为影响这类顾客选择产品的三要因素。

8. 产品的独特性

产品的独特性是指产品独有的特别属性。具备好奇动机的顾客对包装奇特、功效新奇的产品会产生了解、尝试的想法，因此产品的独特性就会成为影响这类顾客选择产品的主要因素。

9. 个人的偏好

个人的偏好是指顾客对具备某些特点的产品特别爱好。具备好恶动机的顾客会因为个人的生活习惯或经验的不同而对产品产生不同的看法和评价，进而影响其对产品的态度，因此个人的偏好就会成为影响这类顾客选择产品的主要因素。

课堂讨论

与周围的小伙伴讨论一下，顾客选择商品时，会受某种确定因素的影响，还是会同时受多个因素的影响？为什么？

二、了解顾客需求的方式

观察顾客和倾听顾客是化妆品推销员最常用的了解顾客需求的方式。化妆品推销员在与顾客沟通的过程中，不能随意打断顾客的诉说，要表现出尊重对方的态度，这样不仅可以使顾客能够尽情地表达自己的想法和要求，还能帮助化妆品推销员获得顾客好感。此外，化妆品推销员还需要掌握一定的技巧，从而更深入地了解顾客，拉近与顾客之间的关系。

扫一扫

倾听的重要性

1. 认真聆听

化妆品推销员需要专心致志地倾听顾客的语言，并尽可能地避免出现太大的肢体动作，以免让对方产生不受尊重的感受。另外，化妆品推销员要善于运用眼神，通过保持微笑、与顾客目光接触等方式，在倾听的过程中给予顾客积极的回应，让顾客知道自己在认真地倾听，并努力地了解对方。

2. 适当引导

在与顾客交流的过程中，化妆品推销员可以适时地提出一些问题，并总结顾客的语言内容，引导顾客更多、更深入地表达自己的观点和需求，从而获取更多的有效信息。

3. 保持耐心

化妆品推销员要给顾客足够的时间，让顾客将自己想说的话表述完全。即使在充分了解顾客的情况下，化妆品推销员也不能打断顾客、结束倾听。如果化妆品推销员贸然打断顾客，会引起顾客强烈的不满，从而导致化妆品交易的失败。

4. 听话听"音"

化妆品推销员需要在倾听顾客的同时仔细鉴别顾客话语的深层含义，辨明顾客的真正想法。

5. 换位思考

化妆品推销员要能够放下自我的思想和成见，从顾客的角度出发，理解顾客产生某种想法的深层原因，以达到真正了解顾客的目的。

6. 积极回应

化妆品推销员要在顾客表述的过程中，及时地表达自己的感受，积极地参与到顾客的倾诉内容中，以表明自己对对方的理解和赞赏。

推销员的私房话

双手抱胸是与顾客交流过程中严禁出现的姿势，它会给人以不真诚、不尊重的感受，从而影响顾客对化妆品推销员的印象，影响交易的达成。

通过在沟通过程中观察和倾听顾客，化妆品推销员不仅可以与顾客进行良好的互动，促使顾客更好地表达自己的想法，还可以通过倾听顾客的语言表述、观察顾客的行为举止的方式获得足够多的顾客信息，为后续向顾客推荐合适的产品打下良好的基础。

 **案例分享**

小张是在化妆品柜台工作的推销员，这天她接待了一位女性顾客。

小张：您好，欢迎光临，请问有什么可以为您服务的吗？

顾客：我要去旅游，想买点防晒产品。

小张：那您的目的地是哪里呢？

顾客：我打算去趟海南。

小张：真羡慕您可以在冬天这么寒冷的时候去南方游玩，实在是太幸福了！

顾客：是啊，那边不仅阳光明媚、温度适宜，还有很漂亮的海滩，想想就很期待。

小张：那您应该会需要防晒系数高一点的产品来保护您的肌肤吧。

顾客：有什么推荐的吗？

小张：这三款防晒产品的防晒系数都能够满足您的需求，而且小巧便于携带，可以方便您随时补涂。

顾客：防晒乳液还需要补涂吗？

> 小张：当然了，防晒乳液会因为擦拭、流汗等原因而有所损耗，所以每隔3～4小时需要补涂一次。
>
> 顾客：原来是这样。可是我皮肤很容易出油，有没有清爽一点的防晒产品？
>
> 小张：那您可以看一下中间这款防晒乳液，质地轻盈不油腻，涂抹后，会很快被皮肤吸收。
>
> 顾客：看着不错，那就这款吧。

三、了解顾客需求的途径

在通过观察和倾听顾客的方式获得顾客信息后，化妆品推销员可以对顾客信息进行适当地分类，从而了解顾客的需求，向顾客提供有针对性的服务。根据顾客信息分类的不同，可以将了解顾客需求的途径分为以下三类。

1. 从外在条件了解顾客需求

通过简单的问询，化妆品推销员可以了解到顾客的性别、年龄、职业、收入等外在条件，并根据顾客外在条件的不同，判断顾客对化妆品的需求特点。例如，老年人更希望购买性价比高的商品，中年人会更多地购买品质有保障的化妆品，年轻人更喜欢购买时下流行的化妆品；男性顾客在挑选化妆品时比较理智，女性顾客在挑选化妆品时会更多地受感情因素的影响；不同职业的顾客会因工作环境、工作内容不同而对化妆品产生不同的需求。

化妆品推销员可以从性别、年龄、职业、收入等多个角度了解顾客需求特点，从而了解影响该顾客选择产品的因素，为顾客提供更有针对性的服务。

2. 从行为举止了解顾客需求

在与顾客交流的过程中，化妆品推销员不仅可以从顾客的语言表述中获取有效信息，还可以通过顾客的行为举止了解到顾客没有说出来的内容。

例如，动作敏捷、说话干脆利落的顾客的性格都较为豪爽明快，这类顾客对产品的便捷性一般有较高的期待。在接待这类顾客时，化妆品推销员要能够及时、热情地回应顾客提出的问题或要求。

又如，反复挑选、反复对比的顾客的性格都较为犹豫不决，这类顾客挑选产品时会更多地考虑产品的实用价值、性价比等因素。在接待这类顾客时，因为这类顾客往往很难在众多化妆品中做出选择，需要有人从旁协助，所以化妆品推销员需要为其详细介绍化妆品，帮助对方在了解各类化妆品优缺点的基础上选择出适合其自身的化妆品。

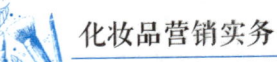

3. 从购买角色了解顾客需求

在多数情况下，顾客会结伴来到化妆品柜台，这些顾客共同形成了一个顾客群体，每个人在顾客群体中扮演着不同的购买角色，共同影响着化妆品的挑选结果。在通过倾听顾客的方式，了解顾客的购买角色后，化妆品推销员可以根据顾客角色的不同提供不同的销售服务。例如，顾客群体中的决策者往往对化妆品的选择起着决定性的作用，化妆品推销员要根据影响决策者选择产品的因素，向其介绍产品；顾客群体中的使用者会决定化妆品的选择方向，化妆推销员要根据这类顾客的皮肤状况，确定满足其需求的产品类型，从而向其介绍合适的化妆品。

随学随练

两人一组轮流扮演推销员和顾客，推销员通过倾听顾客的方式，了解顾客需求，并确定向其介绍的产品类型。

任务实施 1——选词填空

活动目的

通过选词填空的方式，让学生全面掌握影响顾客选择产品的因素。

活动内容及流程

① 老师将全班学生分为 6 组，每组选出 1 名负责人，小组负责人带领组员温习本任务所学内容，并负责维持组内秩序。

② 老师将表 5-1 中的词语做成小卡片，每个词语至少有三张卡片。（或另行设置问题和答案）

表 5-1　填 空 词 语

使用价值	新颖性	外观	名声	性价比	便捷性
流行性	独特性	个人偏好	新鲜别致	第一印象	艺术性和美感
质量问题	产品价格	花费的时间	保持一致	了解、尝试	看法和评价

③ 老师根据填空问题，制作 3 组编号为 1～18 的卡片，每个数字都代表了对应标号的填空问题。

填空问题示例：

问题一：产品的 1 是产品自身能够满足人们某种需要的属性。顾客购买产品的最终目的是满足需求，具备求实动机的顾客会更多地关注产品满足其需要的程度。

问题二：产品的 2 是指产品自身或产品的服务 3 ，与其他同类产品相比有明显的不同特点的属性。具备求新动机的顾客在挑选商品时，会更多地关注产品区别于其他同类产品的特点。

问题三：产品的 4 是指产品外表的样子，它决定了顾客对产品的 5 。不同的产品外观能够带给顾客不同的视觉感受，外观时尚美丽的产品更容易获得顾客的好感。具备求美动机的顾客在挑选商品时会更多地考虑产品外观的 6 ，对产品外观的颜色、款式、包装等因素会格外关注。

问题四：产品的 7 是在顾客群体对产品品牌的知名度、信誉等的评价，知名度高、信誉好的产品能够帮助顾客避免出现 8 ，从而更容易获得顾客认可。具备求名动机的顾客对名声好的产品有较高的信任度和忠诚度。

问题五：产品的 9 是指产品的品质、服务、形象等与其价格所形成的比率。 10 是购买活动中最令顾客敏感的因素，顾客总是希望能够用尽可能少的货币获取尽可能多的利益，因而大部分顾客都会有求廉的消费动机。具备求廉动机的顾客对性价比高的产品有更大的倾向性。

问题六：产品的 11 是指产品能够让顾客快而方便地购买或使用的属性。具备求便动机的顾客对产品购买和使用过程中所 12 及便利程度有较高的要求，对省时、便利的产品有更高的满意度。

问题七：产品的 13 是指产品在顾客群体中广泛传播的属性。具备模仿动机的顾客会有与群体中大部分成员 14 的心理，会不自觉地与其他成员同步。

问题八：产品的 15 是指产品独有的特别属性。具备好奇动机的顾客对包装奇特、功效新奇的产品会产生 16 的想法。

问题九： 17 是指顾客对具备某些特点的产品特别爱好。具备好恶动机的顾客会因为个人的生活习惯或经验的不同而对产品产生不同的 18 ，进而影响其对产品的态度。

④ 各小组负责人依次抽取 6 张问题卡片和 6 张词语卡片，卡片内容不得重复。

⑤ 各小组根据复习内容确定问题卡片所对应的词语，并与其他小组交换词语卡片，使自己的问题卡片与词语卡片对应上。

⑥ 卡片交换结束后，各小组用手中的词语卡片回答抽到的问题，每答对一个问题得一分，老师根据表5-2给学生打分。

表5-2 评分表

小 组	答题得分	答题表述流畅情况（10分）	小组成员协作情况（10分）	其 他（10分）	合 计
第1小组					
第2小组					
第3小组					
第4小组					
第5小组					
第6小组					

⑦ 老师将各小组按照最终得分的高低进行排名，并根据情况设置活动奖品。

任务实施 2——了解顾客需求

 **活动目的**

通过做游戏的方式，让学生全面掌握了解顾客需求的方法。

活动内容及流程

① 老师将学生分成顾客组和销售组两个大组。

② 顾客组学生作为被服务的对象，自由分组并自行设定自己的外在条件、行为举止和购买角色等顾客信息。

③ 老师根据顾客组学生的分组情况（仅包含顾客的姓名和数量信息）制作一个抽签桶。

④ 销售组学生从抽签桶中抽取要服务的顾客群体。

⑤ 销售组学生向要服务的顾客群体提供服务，了解顾客需求。

⑥ 老师根据销售组学生的表现在表 5-3 中打分。

表 5-3 评 分 表

学生姓名：＿＿＿＿＿＿＿＿＿＿

	评分标准	满 分	实际得分	备 注
了解顾客需求的方式	能够认真聆听顾客	20		
	能够适当地引导顾客	10		
	能够具备足够的耐心	10		
	能够了解顾客话语的深层含义	10		
	能够站在顾客的角度考虑问题	10		
	能够积极地表达对顾客的理解	10		
了解顾客需求的途径	能够根据外在条件正确地了解顾客需求	10		
	能够根据行为举止正确地了解顾客需求	10		
	能够根据购买角色正确地了解顾客需求	10		
	总分	100		

⑦ 活动结束后，两组学生交换身份，重复上述练习。

任务二

推荐合适的产品

任务目标

知识目标

① 掌握说服顾客的技巧。
② 掌握示范产品的技巧。

素质目标

① 能够根据产品差异为顾客找出合适的产品。
② 能够在产品不能即时完成交易时，预约顾客再次前来购买产品。
③ 具备一定的团队合作意识。

任务引入——为顾客挑选香水

小何是在化妆品柜台工作的推销员，这天她接待了一位女性顾客。

小何：您好，欢迎光临，请问有什么可以为您服务的吗？

顾客：我想买瓶香水。

小何：那您是要在什么场合使用呢？

顾客：办公室，日常上班用。

小何：那您喜欢哪种类型的香水呢？花香型香水给人以柔美纤细的感觉，木香型香水给人以沉稳神秘的感受，果香型香水令人感到活力亲切，都很适合您。

顾客：我喜欢果香型的。

小何：那您对品牌有什么要求吗？

顾客：我想要质量有保障的，还是选一线品牌吧。

思考：小何会向顾客推荐什么样的香水呢？她应该如何推荐呢？

知识准备

不同顾客会对产品有不同的需求，化妆品推销员要能够根据顾客的需求，为其找出合适的产品，并通过一定的推销技巧，将合适的产品推荐给顾客。

一、分析产品差异化

扫一扫

如何挑选化妆品

产品是指用来满足顾客需求的化妆品及其服务，同一类别的产品往往会因为产品差异化而有显著的区别。不同品牌的产品在产品品质、产品服务、产品形象方面有显著的差异，从而满足顾客不同类型的需求。因此，化妆品推销员要具备分析产品差异化的能力，从而更好地为顾客推荐合适的产品。

1. 产品性能差异化

产品性能差异化是指产品在使用和功效等方面与其他同类产品有所不同。产品性能差异化不仅能够帮助顾客快速区分产品，同时还能够帮助品牌形成产品竞争优势，提高顾客信任度，从而为化妆品推销员推荐产品打下良好的基础。例如，法国娇兰从创立伊始就采用神奇的香料配方——汤加豆、茉莉、玫瑰和鸢尾花，作为娇兰香水的芳香标记，使得娇兰香水在众多香水品牌中脱颖而出。娇兰香水通过不同的香料配方，使得其产品在性能方面与其他品牌的同类产品有明显的差异，获得了广大顾客的关注和喜欢。

 **2. 产品服务差异化**

产品服务差异化是化妆品推销员在充分了解服务市场上现有的服务种类、竞争对手的劣势和自己的优势的基础上，有针对性、创造性地提供他人不易复制的服务，满足目标顾客需要的做法。产品服务差异化使得化妆品的附加服务在服务内容、服务渠道或服务形象等方面具备自己的特征，从而达到突出产品优势，使化妆品区别于竞争产品的目的。

服务的分类

服务是为支持化妆品的销售而向顾客提供的附加服务。根据提供服务的时间不同，可以将其分为售前服务、售中服务和售后服务。

售前服务是指化妆品销售之前的咨询服务，如化妆品介绍、导购服务和报价服务等，售前服务的主要目的为激发顾客购买欲望，强化顾客购买动机。

售中服务是指在销售过程中提供的服务，主要内容有热情地接待顾客、帮助顾客挑选合适的化妆品、解答顾客的疑虑、示范使用化妆品等，其主要目的为通过影响顾客的心理感受，使顾客对化妆品产生信赖感，从而促成交易。

售后服务是指化妆品售出后的退换货服务和跟进服务，售后服务可以保证顾客所购化妆品的价值得到充分发挥，提高顾客满意度，促使顾客再次购买化妆品。

3. 产品形象差异化

产品形象差异化是指在化妆品的核心部分与竞争产品类同的情况下，化妆品通过其不同的产品形象来获得差别优势。产品形象作为化妆品的个性标志，能够满足顾客心理、情感和审美等方面的诉求。不同的产品形象可以使顾客产生不同的联想，当联想与顾客内心个性化需求产生共鸣时，产品形象将会深深印在顾客心中，从而使化妆品在同类产品中脱颖而出，获得顾客青睐。例如，法国国宝级化妆品品牌兰蔻自创立伊始，就以一朵含苞欲放的玫瑰作为标记，并将"对于可爱女人，兰蔻愿意为你创造无限可能的美丽新世界"作为兰蔻化妆品的个性标志，使得无数爱美女性与之产生情感共鸣，成为兰蔻化妆品的忠实粉丝，最终成就了兰蔻在化妆品行业的领先地位。

产品的视觉形象、品质形象和社会形象

产品形象是顾客对产品形成统一感观形象的结果，代表了顾客对产品的看法和感受。它主要包含

产品的视觉形象、品质形象和社会形象三个方面。

产品的视觉形象是人们对产品外在的认知，属于产品形象的初级阶段层次。顾客可以通过视觉感观，直接了解到产品诸如外观、色彩、材质等产品的视觉形象内容。

产品的品质形象是产品质量的体现，属于产品形象的核心层次。顾客可以通过购买和使用产品，对产品的质量及在消费过程中的服务形成体验感受，从而了解到产品的品质形象。

产品的社会形象是产品的视觉形象和品质形象等物质形象从物质的层面升华到精神层面的结果，是产品物质形象的外化结果，是产品形象最具有生命力的部分，包括产品社会认知、产品社会评价、产品社会效益、产品社会地位等内容。

化妆品推销员通过分析产品在性能、服务、形象等方面的差异化，可以帮助顾客找到符合其需求特点的产品，从而展开推荐产品的活动。

二、推荐产品的技巧

在为顾客找到合适的产品后，化妆品推销员需要采取一定的推荐技巧，使顾客相信其推荐的产品能够满足需求。在这个过程中，化妆品推销员需要通过说服和示范的方法，向顾客介绍产品。另外，在产品暂时没货的情况下，化妆品推销员还要能够与顾客达成约定，让顾客在合适的时间再次前来购买，以便最终能够达成交易。下面将分别介绍化妆品推销员在向顾客推荐产品的过程中，需要用到的说服技巧、示范技巧及预约技巧。

1. 说服技巧

说服顾客的技巧大致可以总结为避"重"就"轻"、投其所好、有理有据三点。

⊛ **避重就轻**：化妆品推销员需要将一时难以解决的问题暂时放置，从容易说服顾客的地方入手，由浅入深地逐步进行说服。

⊛ **投其所好**：化妆品推销员要尽量避免与顾客讨论其反感的问题，以顾客的兴趣为出发点，耐心细致、不厌其烦地向顾客说明推荐的产品的优点，从符合顾客利益的角度提出建议。

⊛ **有理有据**：化妆品推销员要向顾客说明推荐的产品的原因（如其他顾客的使用经验、产品使用数据等），增加产品的可信度，获取顾客的信任。

2. 示范技巧

相比于简单的语言介绍，示范可以调动顾客的多种感官，让顾客从多个角度、更具体地了解化妆品的优点，从而加深顾客对化妆品的印象。因此，在向顾客介绍产品的过程中，化妆品推销员不仅要掌握说服顾客的技巧，同时还要掌握向顾客示范产品的技巧，能够通过示范产品的方法向顾客展示产品的优点，从而更有效地向顾客介绍产品。

示范产品的主要方式有对比示范和体验示范两种。其中，对比示范是指将两个同类产品进行对比，使产品的优缺点一目了然地展现在顾客眼前，从而让顾客对推荐产品的优点有一个形象具体的认知；体验示范是指让顾客亲身接触产品，从而通过顾客的亲身感受来激发顾客选择产品的欲望。

在示范的过程中，化妆品推销员不能只专注于向一名顾客展示产品，还要注意不能冷落任何一位顾客，要使柜台前所有的顾客都能体验到展示服务。

随学随练

两人一组，互相为对方示范化妆品的使用方法和使用效果，注意示范手法和语言介绍的正确性。

3. 预约技巧

在推销产品的过程中，化妆品推销员经常会遇到不能当场解决的问题，如化妆品缺货、优惠活动还未开始、赠品已经送完等，此时，化妆品推销员要能够及时转变思路，邀请顾客在另一个时间段接受锥售服务，从而更好地满足顾客需求。

例如，顾客挑选的化妆品正好缺货，要过段时间才会有货，这时化妆品推销员可以与顾客协商，在化妆品到货后第一时间通知顾客，方便顾客前来购买；顾客挑选的化妆品的优惠活动尚未开始，这时化妆品推销员可以准确告知顾客活动日期，方便顾客选择合适的时间购买；顾客挑选的化妆品的赠品已经送完，这时化妆品推销员可以先将化妆品销售给顾客，并承诺顾客下次来到柜台时会补送赠品。

课堂讨论

请大家说一说，生活中有没有经历过类似上文所说的情况，销售人员是如何说服你们的，你们又是怎么决定的。

三、推销案例举例

通过前面的学习，大家应该对介绍产品有了一定的了解。下面将列举几个推销案例，让大家对实际推销时该如何应对有所了解。

1. 自用顾客的推销案例

为自己购买化妆品的顾客往往对产品有较多的了解，其需求具备清晰、明确的特点。在接待这类顾客的过程中，化妆品推销员需要通过顾客的表达了解影响其选择产品的因素，从而为顾客提供有针对性

的服务。

推销案例一：我选哪种防晒产品更好呢？

某天，某品牌专卖店的化妆品推销员小赵接待了一位年轻的女性顾客。

小赵：您好，欢迎光临，请问有什么可以为您服务的吗？

顾客：我要去旅游，选哪种防晒产品好？

面对顾客的问题，小赵瞬间想到了以下三种回复方式。

回复一：肯定是我们的××最好了。

回复二：防晒霜吗？××、×××还有××××都不错。

回复三：旅游的话这款 SPF47、PA3+非常合适哦！

请思考，小赵应该采取什么样的回复方式呢？为什么？

案例分析：

顾客已经明确表达了对防晒产品的需要，一旦遇到合适的产品，就会很快达成交易。在接待这类顾客时，化妆品推销员需要抓住机会，在了解顾客具体需求的情况下，有针对性地向其介绍产品。但以上三种回复方式都存在一定的问题。

回复一：在不了解顾客具体需求的情况下直接夸耀某款产品，很容易使顾客产生怀疑，也无法很好地获得顾客认可。

回复二：盲目地将多种产品介绍给顾客，或许产品中有能够满足顾客需求的产品，但是顾客无法自行判断并挑选出来，起不到任何介绍产品的效果。

回复三：使用过于专业的词语，顾客可能并不了解化妆品推销员所表达的意思。

因此，化妆品推销员需要先倾听顾客，在顾客表达了足够的信息后，再根据实际情况介绍产品给顾客。例如，小赵可以采取以下回复方式。

小赵：小姐，您的护肤观念非常正确！虽然现在是冬天，阳光不是很强烈，但是紫外线也同样会损伤您的皮肤，您计划去哪里旅游呢？

顾客：我要去海南。

小赵：能到海南放飞心情真的很让人羡慕啊。那边光照会更强一些，会需要防晒系数稍高一点的产品，您应该安排了很多户外活动吧？

顾客：是的，可能还会去游泳。

小赵：这样啊，那您可能需要选择防晒系数高于 40 的产品，防晒系数高才能更好地保护您的皮肤。这三款防晒系数都高于 40，中间这款还具有防水的功能，您游泳的时候也可以使用。

顾客：那我看一下。

推销案例二：我想买套化妆品奖励自己。

某天，某化妆品专卖店的化妆品推销员小王接待了一位年轻的女性顾客。

小王：您好，欢迎光临，请问有什么可以为您服务的吗？

顾客：刚发了奖金，想买一套化妆品奖励一下自己。

面对顾客的回答，小王瞬间想到了以下三种回复方式。

回复一：好啊，那您随便挑。

回复二：您有中意的品牌、品类和价位吗？

回复三：哇，发了奖金吗？那您打算拿多少奖金来奖励自己呢？

请思考，小王应该采取什么样的回复方式呢？为什么？

案例分析：

根据顾客的语言可以了解到，顾客是职业女性且收入不低。这类顾客在选择产品时一般较为理智 且不会考虑廉价和低档次的产品。因此，以上三种回复方式都存在一定的问题。

回复一：过于形式化，没有任何实质性内容，对化妆品销售起不到任何帮助作用。

回复二：一次性问太多的问题，顾客回答不过来，且可能不愿回答。

回复三：问题太过直接，会让顾客有被冒犯的感觉。

所以，在向这类顾客介绍产品时，化妆品推销员需要先根据顾客的条件为其提供几个选择方向，然后再根据顾客的回答进行详细介绍。例如，小王可以采取以下回复方式。

小王：看得出来您是位有能力、会工作、会享受生活的女性！您想了解什么品牌的产品呢？

顾客：我比较习惯使用××和×××品牌的化妆品。

小王：那您对产品功效有什么要求吗？我们这里有针不同年龄段肌肤的套装，可以根据您的需求为您挑选。

顾客：日常保养就可以了。

小王：我们这里有××品牌的两款热销套装，一款是控油祛痘的清爽套装，还有一款补水保湿的滋润套装，您可以根据您的肤质选择。

顾客：我是油性皮肤。

小王：那××的清爽套装正适合您，您要试用一下吗？

顾客：好的。

2. 他用顾客的推销案例

为他人购买化妆品的顾客往往可能没有使用要购买的产品的经验，对产品的需求会比较模糊。在接待这类顾客的过程中，化妆品推销员需要向顾客进行详细的询问，并引导顾客表达出对产品的具体需求，从而向其介绍合适的产品。

推销案例三：我想选套化妆品送给妻子。

某天，某化妆品专卖店的化妆品推销员小周接待了一位中年的男性顾客。

小周：您好，欢迎光临，请问有什么可以为您服务的吗？

顾客：我太太过几天过生日，我想选套化妆品当礼物。

面对顾客的回答，小周瞬间想到了以下三种回复方式。

回复一：那么，需要我帮您选吗？

回复二：好的，您需要选贵点的还是便宜点的？

回复三：请问您太太多大年纪，皮肤状况如何，平时用什么品牌？

请思考，小周应该采取什么样的回复方式呢？为什么？

案例分析：

顾客在面对不熟悉的购物环境时多少会有些紧张和不适，尤其是男性顾客在购买女性化妆品时，经常会不知所措。在接待这类顾客时，化妆品推销员应该主动地帮助顾客，用热情的服务来消除顾客的紧张和不适。因此，以上三种回复方式都存在一定的问题。

回复一：这样的回复没有意义。顾客对产品不了解，当然需要帮忙。

回复二：上来直接问对方价格需求会引起对方反感，让对方产生警惕，不利于后续的产品介绍。

回复三：问题过多，容易令对方紧张，且对方可能一时难以回答清楚。

所以，化妆品推销员需要先缓解顾客紧张的情绪，然后再引导顾客表达对产品的需求，从而根据顾客需求向其介绍合适的产品。例如，小周可以采取以下回复方式。

小周：您的太太真幸福！我一定竭尽所能帮您挑选到最好的礼物，让它能够充分表现出您对太太的爱意！对于送太太的礼物您有什么想法吗？

顾客：我想送套护肤品。

小周：那您对护肤品的功效有什么要求吗？我们这里有控油补水套装、滋润套装、美白套装和紧致套装，它们分别适合不同肤质、不同年龄阶层的女性。

顾客：我太太皮肤比较干。

小周：那您可以选择滋润套装或紧致套装。

顾客：有什么区别吗？

小周：滋润套装适合 20～30 岁肌肤，紧致套装适合 30～40 岁肌肤。

顾客：那我选紧致套装吧。

推销案例四：我想买只染发剂送给妈妈。

某天，某化妆品专卖店的化妆品推销员小陈接待了一位年轻的女性顾客。

小陈：您好，欢迎光临，请问有什么可以为您服务的吗？

顾客：我发现妈妈长白头发了，我想买只染发剂送给她。

面对顾客的回答，小陈瞬间想到了以下三种回复方式。

回复一：染发剂吗？××元一支，要几支？

回复二：××品牌，是最好的！

回复三：送给妈妈的吗？当然要选最贵的。

请思考，小陈应该采取什么样的回复方式呢？为什么？

案例分析：

由于不是自己使用，顾客在选择产品时会比较迷茫，会需要化妆品推销员耐心细致的讲解，因此，以上三种回复方式都存在一定的问题。

回复一：应对过于冷漠，会打击顾客购买产品的积极性。

回复二：没有进行有效的铺垫，顾客很难直接接受建议。

回复三：目的性太强，会引起顾客反感。

妈妈长白头发了，女儿要给妈妈买一支染发剂，这是孝心的体现，化妆品推销员要及时地予以肯定。

同时，化妆品推销员还需要耐心地询问对方需求，谨慎了解送礼对象的详细情况，替顾客全方位考虑，帮助顾客做出合适的选择。例如，小陈可以采取以下回复方式。

小陈：您真有心了，您妈妈拥有您这样漂亮又有孝心的女儿真幸福！您放心，我一定会帮您挑选一款最适合的产品。请问您对产品有什么特别的要求吗？

顾客：我想要产品安全、质量有保证的。

小陈：那您可以挑选一些一线品牌，不仅染色效果好，品质和安全性也有保障。

顾客：那有什么推荐的吗？

小陈：××和×××品牌都是一线知名品牌，口碑一直很好，您可以放心地购买。

顾客：质量真的没问题吗？

小陈：这点您可以放心。××和×××品牌都在国家公布的合格染发剂品牌名单上，基本上没有质量投诉。

顾客：这两款好像价格有点贵呀。

小陈：是的，这两款虽然价格有点贵，但是品质可靠。宁可买得贵，也不能买问题产品回去。您觉得呢？

顾客：那帮我选个××品牌的吧。

推销员的私房话

由于不是自己使用，他用顾客在选择产品时会更加谨慎，会更全面地考虑产品的各类因素，在充分衡量后再做出选择。

任务实施1——选择合适的产品

活动目的

通过实际练习，让学生全面掌握选择合适产品的方法。

活动内容及流程

① 老师将学生2~4人分为一组。

② 各小组从项目三中通过调查问卷获得的顾客信息中，抽取三名顾客，并根据顾客的信息为其选择能够满足其需求的产品，并说明理由。

③ 老师根据表5-4为学生打分。

表 5-4　评　分　表

学生小组：_____

评分标准		满　分	实际得分	备　注
顾客分析准确到位		25		
产品分析	产品性能适合顾客	25		
	产品服务满足要求	25		
	产品形象与顾客相衬	25		
总分		100		

④ 老师将各小组按照最终得分的高低进行排名，并根据情况设置活动奖品。

任务实施2——推荐产品

 活动目的

通过做游戏的方式，让学生全面掌握推荐产品的技巧。

活动内容及流程

① 老师将学生分成顾客组和销售组两个大组。

② 顾客组的学生为被推荐的对象，销售组的学生为向顾客推荐产品的化妆品推销员。

③ 销售组的学生依次选择要向其推荐产品的顾客，并自行从表 5-5 中选择要推荐的化妆品。

表 5-5　化妆品举例

类　别	化妆品举例
清洁类化妆品	洁面乳、清洁霜、磨砂膏、去死皮膏、香皂、卸妆油
护理类化妆品	乳液、润肤霜、精华素、护肤水、冷霜、按摩膏、防晒霜、面膜
美容/修饰类化妆品	香水、口红、粉底、腮红、指甲油

④ 销售组的学生分别向顾客进行产品推荐。

⑤ 老师根据销售组的学生表现在表 5-6 中打分。

表 5-6 评 分 表

学生姓名：＿＿＿＿＿＿				
评分标准		满 分	实际得分	备 注
推荐技巧	说服语言运用得当	40		
	示范手法准确无误	40		
	预约方法选择恰当	20		
总分		100		

⑥ 活动结束后，两组学生交换身份，重复上述练习。

项目学习效果综合测评

一、判断题

1．化妆品推销员可以通过倾听顾客的方式了解顾客需求。　　　　　　　　（　）

2．化妆品推销员可以通过顾客的行为举止来了解顾客需求。　　　　　　　（　）

3．在一般情况下，他用顾客购买的产品是自己使用过的。　　　　　　　　（　）

4．产品差异化可以帮助顾客选择符合自己需求的产品。　　　　　　　　　（　）

5．化妆品推销员可以通过示范的方式向顾客推荐化妆品。　　　　　　　　（　）

二、填空题

1．影响顾客选择产品的因素有＿＿＿＿＿＿、＿＿＿＿＿＿、＿＿＿＿＿＿、＿＿＿＿＿＿、＿＿＿＿＿＿、＿＿＿＿＿＿、＿＿＿＿＿＿、＿＿＿＿＿＿九种。

2．顾客外在条件包括＿＿＿＿＿＿、＿＿＿＿＿＿、＿＿＿＿＿＿、＿＿＿＿＿＿等。

3．产品差异化包括＿＿＿＿＿＿、＿＿＿＿＿＿、＿＿＿＿＿＿等内容。

4．示范产品的主要方式有＿＿＿＿＿＿和＿＿＿＿＿＿两种。

5．在遇到不能当场解决的问题时，化妆品推销员要能够及时转变思路，邀请顾客在＿＿＿＿＿＿接受销售服务，从而更好地满足＿＿＿＿＿＿。

三、综合题

根据项目三中收集到的顾客信息，为其中至少一位顾客找寻能够符合其需求的一套产品（包括清洁类、护理类、美容/修饰类化妆品），并说明原因，将结论做成 PPT 讲给大家。

项目六

消除顾客异议

在销售活动中，顾客异议是不可避免的。化妆品推销员应根据顾客异议的类型及顾客异议产生的原因，采取正确的态度和原则，选择合适的方法和策略，有效地解决顾客异议，促使产品交易的达成。

任务一

认识顾客异议

任务目标

知识目标

① 掌握顾客异议的内容。
② 掌握顾客异议的产生原因。
③ 掌握顾客异议的类型。

素质目标

① 能通过与顾客沟通来判断顾客异议的内容。
② 具备一定的团队合作意识。

任务引入——顾客异议

小李是某品牌专卖店的员工，这天她接待了一位年轻的女性顾客。

小李：您好，欢迎光临，请问有什么可以为您服务的吗？

顾客：我想买套护肤品。

小李：我们店里有调节肌肤水油平衡状态的基础护肤套装、能够强效补水的莹润护肤套装、能够有效改善肌肤暗黄暗沉环境的抗衰老护肤套装及具备滋润美白淡斑效果的美白护肤套装。您需要哪一种呢？

顾客：我想要基础护肤套装。

小李：这款是我们的经典产品，现在正在做活动，原价1190元现价899元，非常划算。

顾客：这个我从来没用过，质量怎么样啊？

小李：我们品牌的护肤品已经有50年历史了，品质绝对有保障，是经得起考验的。

顾客：套装里都有些什么呀？

小李：套装里包含了一套水乳，还有一个面膜小样和精华小样。

顾客：就这些东西吗？怎么这么贵？

小李：我们品牌的护肤品都是采用中药配方，有冬虫夏草、鹿茸等名贵的中药材，所以价格会比同类产品稍微高一些。如果您现在购买，我们还会额外送给您一份价值200元的眼霜小样，真的是很划算了。如果您错过这次机会，就要再等一年了。

思考：在以上对话中，顾客提出了哪些异议？顾客产生的异议属于哪一类型？

知识准备

　　顾客异议是指顾客针对化妆品推销员及其在销售活动中的表现所做出的一种反应，是顾客对产品、化妆品推销员、化妆品销售方式及化妆品交易条件发出的怀疑和抱怨，或提出的否定或反对意见。顾客异议存在于化妆品推销员与顾客沟通的整个过程中，是推销活动中不可避免的。

　　交易过程中，顾客产生异议，表明顾客对产品感兴趣，意味着有成交的希望。可以这样说，推销员的推销活动就像障碍赛跑，必须有效地排除各种异议，才能到达成交的终点。顾客异议在绝大多数情况下反映了顾客的心理活动状况，化妆品推销员通过分析顾客异议，可以了解顾客心理，为正确地解决顾客异议打下良好的基础，有助于产品交易的达成。

一、顾客异议的内容

 顾客方面的异议

1）需要方面的异议

需要方面的异议是指顾客认为产品不符合自己需要而提出的反对意见。例如，"我的面部皮肤很好，不需要护肤品。""这个产品档次太高，我用不着。"这类异议的产生原因有两种：一种是真的不需要，另一种是认识不到位。对于后者，化妆品推销员应运用营销技巧化解障碍，帮助顾客认识到自己的真正需要。

推销员的私房话

> 顾客认识不到位是指顾客因缺乏对产品的认识或受其自身知识结构的限制，而没有意识到产品能够满足其某方面需要的情况。

2）购买权利方面的异议

购买权利方面的异议是指顾客以缺乏购买权利为理由而提出的反对意见。例如，"我做不了主，要问问我太太。""这款口红？不知道我男朋友喜不喜欢。"无论是集体还是个人购买，都有一个购买权利的决策中心。如果顾客没有购买权利，那么他就会产生购买权利方面的异议。

3）购买时间方面的异议

购买时间方面的异议是指顾客认为现在不是最佳的购买时间，或者有意拖延时间而提出反对意见。例如，"我到别的柜台看看，等会儿再过来。""把你电话留下来，等我想买时再通知你。"

4）购买习惯方面的异议

购买习惯方面的异议是指顾客对某些产品抱有偏见或偏好，使得化妆品推销员推荐的产品难以打动对方，从而产生的反对意见。例如，"我喜欢用××品牌的化妆品，你这个牌子我不喜欢。""我喜欢用美白系列的产品，不需要防晒的。"顾客作为一个有独立思考与行为能力的个人，有他自己对问题的见解和情感，这些见解和情感很可能带有片面性，使得化妆品推销员难以用讲解或说服的方法消除这类异议。

5）购买能力方面的异议

购买能力方面的异议是指顾客以购买能力不足为理由而提出的反对意见。例如，"这个太贵了，我买不起。""这个价格超出我预算太多了。"购买能力是交易达成的基础，如果顾客缺乏购买能力，那么顾客就会因此提出各种理由来阻碍成交。

扫一扫

当顾客说"不"

产品方面的异议

1）质量方面的异议

质量方面的异议是指顾客认为产品的实用性和适用性不能满足其需求而提出的反对意见。这类异议可以详细分为四类：一是产品确实存在不能满足顾客需求的缺陷和不足；二是顾客缺乏使用经验，主观上认为产品质量不过关而产生异议；三是顾客对产品信息产生错误的理解；四是顾客为了压低价格而对产品质量产生怀疑。

2）价格方面的异议

价格方面的异议是指顾客认为产品价格与其价值不符而提出的反对意见。例如，"这款怎么这么贵呀？""同样的粉刺露，你们怎么卖得比别人贵？"价格异议是顾客异议中最常见的异议，当顾客认为价格太高时，会通过价格异议的方式争取更低的价格。

3）服务方面的异议

服务方面的异议是指顾客对化妆品推销员的行为、态度及售后等方面提出的反对意见。例如，产品没有售后服务，化妆品推销员态度不好等。

4）货源异议

货源异议是指顾客对产品的来源提出的反对意见。例如，"这是正规厂家生产的吗？""这个品牌我怎么没听说过？别是假货吧？"

课堂讨论

根据以往的购物经验，与周围的小伙伴分享一下你在购买产品时产生顾客异议的经历，并讨论异议内容属于哪一方面？

二、顾客异议的产生原因

顾客异议产生的原因有很多，可以将其简单地分为顾客的原因、产品的原因及化妆品推销员的原因三类。

1. 顾客的原因

由于顾客异议是顾客针对产品或服务提出的否定意见，是顾客对产品或服务的否定或不满。而当产品价值不能够满足顾客需求时，顾客就会产生异议。因此从顾客的因素出发，这种异议产生的原因可能是顾客期望值过高，也可能是顾客对产品的错误认识和理解。除此之外，顾客异议的产生也可能是因为顾客自身的其他因素。

1）期望值的原因

期望值是指顾客要购买的产品所要达到的条件，是顾客购买产品的标准。顾客对产品的期望值会随着顾客心情和所处环境的改变而发生变化。当顾客情绪不佳或销售环境不理想时，顾客期待值会相应地变高，而易对产品或服务产生不满的情绪。

2）产品印象的原因

产品印象是指顾客对产品的认识和理解。顾客对产品的认识来自自身知识的积累和产品信息的获取，当相关知识或产品信息不全面或顾客心理上对产品或品牌不够信任时，顾客对产品的印象就会低于产品的实际价值，从而产生顾客异议。

3）其他因素

顾客异议的产生不仅仅是因为产品不能符合顾客预期，还有可能是顾客在购买权利或购买能力上不具备购买产品的客观条件。例如，顾客不具备购买产品的决定权利；顾客的购买能力不足，无法支付购买产品所需的金额。

2. 产品的原因

1）质量的原因

如果产品的质量不能很好地满足顾客，那么就会有顾客异议产生。

2）服务的原因

产品服务依托于化妆品推销员，产品服务的好坏取决于化妆品推销员的专业程度。如果化妆品推销员对产品不够了解、不熟悉产品的使用方法或工作态度不积极，那么顾客会对产品服务产生怀疑，从而产生顾客异议。

3）形象的原因

良好的产品形象可以提高顾客满意度，从而减少顾客异议的产生；反之，如果产品形象恶劣，则会给顾客留下不好的印象，从而增加顾客异议的产生。

3. 化妆品推销员的原因

化妆品推销员的营销技能在很大程度上影响着产品市场竞争的结果。素质高、信誉好、表达能力强的化妆品推销员可以提高顾客满意度，减少顾客异议的产生。

1）素质的原因

化妆品推销员的素质主要包含推销礼仪、语言技巧、精神和气质等内容。素质高的化妆品推销员不仅可以让顾客有好的购物感受，提高产品的销售量，还可以为品牌树立良好的形象；而素质较低的化妆品推销员则会让顾客产生不好的购物感受，甚至使顾客产生反感、厌恶的情绪，自然会遭到顾客的冷遇和拒绝。

2）信誉的原因

信誉是指顾客对化妆品推销员的信任程度。在实际推销活动中，如果化妆品推销员采取不负责任的态度，不严格履行承诺，甚至欺骗顾客，就会严重损害自身信誉，从而导致顾客异议的产生。

3）表达能力的原因

表达能力是指化妆品推销员向顾客传递产品信息的能力。由于顾客接受能力和理解能力的差异，所以化妆品推销员需要在接待不同顾客时采取不同的表达方式，从而帮助顾客更好地理解产品信息，做出正确的判断。因此，表达能力欠缺的化妆品推销员很容易使顾客因信息获取有偏差或不完整而产生异议。

课堂讨论

与周围的小伙伴分享一下，你在购买商品时产生异议的经历，并与小伙伴讨论导致你产生异议的原因是什么。

三、顾客异议的类型

正确认识顾客异议的类型，有助于提高化妆品推销员处理顾客异议的能力和效果。一般来说，顾客异议可以从以下四个方面进行划分。

1. 按异议的影响性质划分

按异议的影响性质不同可以将异议划分为有关异议和无关异议。

1）有关异议

有关异议是指与推销活动直接相关，并对推销活动的进展可能产生各种影响的顾客异议，如顾客对产品的售后服务有意见。化妆品推销员必须认真对待有关异议，并尽可能地将其化解。

2）无关异议

无关异议是指与推销活动没有关联的顾客异议，如顾客对门店店长的长相评头论足。对于无关异议，化妆品推销员可以采取忽略或回避的方式加以处理。

2. 按异议的真实性划分

按异议的真实性不同可以将异议划分为真实异议和虚假异议。

1）真实异议

真实异议是指顾客出于真实意图而提出的异议，如顾客购买的修复晚霜超过了使用期限等。真实异议是化妆品推销员了解和认识顾客想法的直接依据，需要认真对待。

2）虚假异议

虚假异议是指顾客所提的不代表其真实的意见和看法的异议，如顾客实际上不具备购买权利而口头上说不喜欢某款防护霜。化妆品推销员首先要能够辨别虚假异议，然后再根据顾客的表现，判断出真实异议，这样才有可能了解顾客的实际需要。

拓展阅读

用限制性提问辨别真假异议

限制性提问是指化妆品推销员向顾客提出回答范围受到限制的问题。当顾客提出异议时，化妆品推销员可以针对顾客异议提出相应的问题，从而判断顾客异议的真实性。例如：

顾客：800元？这香水也太贵了。（提出价格异议，真实性有待确定）

推销员：您是觉得价格贵吗？那如果我给您一些折扣，您会考虑购买吗？（提出限制性问题）

顾客：这款香水味道太浓了。（提出产品方面的异议，真实性不确定）

推销员：那您可以看一下这款花果香型香水，味道清新淡雅，非常好闻。您觉得怎么样？（再次提出限制性问题）

顾客：我做不了主，我得回去问问我老婆。（提出真实异议，没有购买权利）

3. 按异议的显露程度划分

按异议的显露程度不同，可以将顾客异议划分为公开异议和隐藏异议。

1）公开异议

公开异议是指化妆品推销员可以通过顾客外在的语言或行为直接做出判断的各种顾客异议，如顾客通过语言表达出对防晒霜在质量方面的异议。

2）隐藏异议

隐藏异议是指隐藏在顾客内心、没有直接表露出来的各种顾客异议，如顾客没有说出来的在购买权利或购买能力方面的异议。对化妆品推销员而言，发现顾客的隐藏异议往往会对产品交易的达成起到至关重要的作用。

4. 按异议产生的根源性划分

按异议产生的根源性不同，可以将顾客异议划分为客观异议和主观异议。

1）客观异议

客观异议是指顾客出于客观事实而产生的异议，如产品不提供售后服务，产品定价过高等。对于客观异议，化妆品推销员可以依据客观事实加以处理。

2）主观异议

主观异议是指顾客出于个人主观认识而提出的异议，如顾客认为产品包装不好看，产品质地太油腻等。在处理主观异议时，化妆品推销员应予以顾客充分的尊重，避免因直接反驳顾客而产生不必要的冲突。

课堂讨论

根据以往的经历，分析自己购买产品时都产生过哪种类型的异议。

任务实施——实地调研

活动目的

通过实地调研，让学生熟悉顾客异议的种类，并掌握顾客异议产生的原因。

活动内容及流程

① 学生自行分成 6 组。

② 每组学生选择 1～3 个商场进行实地调研，观察、记录化妆品推销员接待顾客过程中，顾客提出的异议，并分析顾客异议产生的原因。

③ 每组学生重点访问一位化妆品推销员，询问其接待顾客的过程中顾客常产生哪类异议，产生的原因主要有哪些。

④ 小组成员对观察或询问到的信息进行讨论和总结。

⑤ 每小组派出一名代表对总结的内容进行表述。

⑥ 老师按表 6-1 给各小组进行打分，并统计各小组总得分。

表 6-1 评 分 表

小　组	表述完整性（20分）	答题表述流畅情况（30分）	小组成员协作情况（30分）	其　他（20分）	合　计
第 1 小组					
第 2 小组					
第 3 小组					
第 4 小组					
第 5 小组					
第 6 小组					

⑦ 老师将各小组按照最终得分的高低进行排名，并根据情况设置活动奖品。

任务二

解决顾客异议

任务目标

知识目标

① 掌握解决顾客异议的态度和原则

② 掌握解决顾客异议的步骤和方法。

③ 掌握解决顾客异议的策略。

素质目标

① 能有效地解决顾客各类异议。

② 具备一定的团队合作意识。

任务引入——解决顾客异议

某天，某化妆品柜台的实习员工小林接待了一位女性顾客。

小林：您好，欢迎光临，请问有什么可以为您服务的吗？

顾客：我想买个防晒霜。

小林：那您对防晒霜有什么要求吗？

顾客：防晒系数高一点的，有优惠的最好。

小林：您可以了解一下这款××的防晒霜，防晒系数 45，有非常好的防晒效果，还有买一送一的活动，非常划算。

顾客：××牌的防晒霜吗？我怎么没听说过？品质有保障吗？

小林：（有点不知所措，显得有些慌乱）懂行的人都知道我们家防晒霜品质好、有保障。您可能不了解，××牌防晒霜卖得非常好，每天都有很多人购买，从来没出现过什么质量问题。虽然，××是今年新上市的品牌，但是是经得起考验的。

顾客：（不是很相信小林的回复，显得有些敷衍）行吧，我考虑考虑再说。

思考：小林在顾客产生异议时应采取的回复方式正确吗？如果你是小林，会怎么样回复？

知识准备

化妆品推销员要充分意识到，无论顾客产生怎样的异议都是正常的、可以理解的。在顾客提出异议时，化妆品推销员要迅速调整好自己的心态，并及时、正确地做出回应，让顾客感受到服务人员的专业性和销售服务的体贴、人性化。化妆品推销员只有意识到"顾客永远是上帝"，才会在解决顾客异议的过程中游刃有余，克服一切困难。

一、解决顾客异议的态度和原则

在解决顾客异议的过程中，化妆品推销员需要明白自己的工作职责，摆正自己的工作态度，遵循一定的工作原则，从而积极高效地解决顾客产生的异议。

1. 解决顾客异议的态度

化妆品推销员不能限制或阻止顾客异议的产生，只能设法去控制顾客异议的发展。在解决顾客异议的过程中，化妆品推销员需要注意以下六点。

1）放松情绪

在解决顾客异议的过程中，化妆品推销员首先要做到的就是放松情绪，不要因为顾客的负面评价而紧张或动怒，应当心平气和、冷静地看待问题，以便更好地了解异议的内容和要点。化妆品推销员可以使用以下话语来作为开场白：

"很高兴听到您对我们的评价。"

"您的意见非常中肯。"

"您的观察很敏锐。"

………………

及时地调整好自己的情绪，是化妆品推销员正确解决顾客异议的前提。

推销员的私房话

对产品（自身产品、竞争产品）、公司政策、市场等的深刻认识也是化妆品推销员正确解决顾客异议的前提。

2）保持耐心

在与顾客沟通的过程中，化妆品推销员要保持一定的耐心。当顾客提出异议时，无论化妆品推销员是否已经听过多少遍，都要认真听顾客说完，不要打断顾客，待顾客表达完自己想法之后，再耐心地进行回答。

3）仔细了解

化妆品推销员在与顾客沟通的过程中，要更多地注意细节，从而了解顾客没有表述出来的真正意见。通过观察和询问的方式，化妆品推销员可以确定顾客异议的具体内容，仔细推敲异议背后的真正含义，以便找到正确解决顾客异议的方法。

4）审慎回答

化妆品推销员在回答顾客提出的异议时，不仅要保证语调温和、气氛和谐友好，还要确保措辞正确、严谨，用正确的数据或资料向顾客证明回答的可靠性和严谨性，从而提高自身的可信度。如果遇到不能回答的问题，化妆品推销员要勇敢承认，不可胡乱吹牛，言过其实。

5）尊重顾客

化妆品推销员要时刻注意顾客的情绪变化，不要让顾客有被忽略、轻视的感受，避免与顾客产生不必要的误会而使交易谈判无法继续下去。即使有不同的意见，化妆品推销员也不可直接粗鲁地反驳、指责顾客，否则会导致顾客强烈的不满，使得化妆品推销员与顾客之间的关系产生裂痕，无法弥补。

6）保留后路

化妆品推销员应该清楚，顾客异议很难轻易地解决。在遇到无法当场解决的顾客异议时，化妆品推销员不可露出不快的神色，而是要及时地结束话题，避免与顾客产生过多地冲突，为日后重启洽谈保留后路。

总之，化妆品推销员要时时做好遇到挫折的准备，在一时无法与顾客成交的情况下，礼貌撤退，保留在顾客心中的良好形象，以便有机会在恰当的时机再次向顾客提供销售服务。

2. 解决顾客异议的原则

顾客会因为不同的原因而产生各式各样的异议，化妆品推销员在解决顾客异议时，可以遵循以下三个原则。

1）做好准备工作

"不打无准备之仗"，这是化妆品推销员解决顾客异议时应遵循的一个基本原则。接待顾客前，化妆品推销员需要提前预测各种顾客可能会提出的异议，做到准备充分，即使顾客真的提出异议，也能够从容应对。如果事前不做好万全的准备，化妆品推销员很可能会在顾客提出异议时，表现出慌乱的神态，使得顾客不满，交易无法达成。良好的准备工作可以帮助化妆品推销员有效地消除顾客异议的负面影响。

推销员的私房话

接待顾客前，化妆品推销员应对要销售的产品及顾客可能会产生的异议进行了解和总结，最好记录成册并随时翻阅，以便熟练地应对各类顾客异议。

2）选择恰当的时机

选择恰当的时机回答顾客异议，能够帮助化妆品推销员更好地消除顾客异议的负面影响，提高顾客满意度。优秀的化妆品推销员可以凭借其丰富的经验，在合适的时机针对顾客的异议给出满意的答复。根据化妆品推销员处理顾客异议时机的不同，可以将其对顾客异议的处理分为以下四种方式。

（1）提前处理

防患于未然，是化妆品推销员消除顾客异议的最好方法。如果化妆品推销员可以提前察觉到顾客可能会产生的异议，并在顾客表达之前主动提出异议并给予解释，就可以掌握先机，避免因纠正顾客看法或反驳顾客的意见而引起不快。

顾客异议的发生具有一定的规律性，化妆品推销员完全可以通过对这些规律的了解来预判顾客异议。例如，化妆品推销员在向顾客介绍产品的优点时，顾客会针对产品的缺点进行质疑；有的顾客在提出异议前，会发生面目表情、肢体动作的改变。

（2）即时处理

大多数顾客异议的最佳处理时机就是顾客提出异议的同一时刻，这样不但能立刻消除销售障碍，还可以增强顾客的购买信心。例如：一位顾客看上了一套护肤产品，无论是产品功效还是产品形象，这位顾客都非常满意，以下是他们的对话：

顾客：东西是不错，但是太贵了！

推销员：不贵的，现在有促销活动，满一件打五折。（处理价格异议）

顾客：是吗？

推销员：这是今年的新款，一直卖得很好。

顾客：我是油性皮肤，用这个会不会太滋润了呀？

推销员在自己的手上为顾客示范产品的吸收效果。

推销员：这套产品的主要功效是补水控油，非常适合您的肌肤。您看，涂抹到手上之后产品会很快被肌肤吸收，非常清爽。（处理产品异议）

顾客：给我拿一套吧。

（3）推迟处理

有些顾客异议在特定情况下不适合立即处理，需要化妆品推销员拖延时间，以待最佳时机。例如：一位化妆品推销员向顾客推销化妆品：

顾客：我最近没有购买化妆品的打算。（提出异议）

推销员：不买也没关系，您可以先免费体验一下。

在推销员的劝说下，顾客同意体验。推销员为顾客做免费的皮肤测试，并为顾客讲解相关的皮肤护理知识。

推销员：根据我们的测试结果，您的皮肤油脂分泌比较旺盛，如果使用普通的洗面奶不能够完全清除您的面部污垢，您可以尝试一下这款洗面奶。

顾客在面部试用了推销员介绍的洗面奶。

顾客：天呐，怎么这么脏！我每天都洗脸的。

推销员：您日常使用的洗面奶只能清洁皮肤表面，即使您每天都洗脸，还是会有污垢残留在毛孔内。而您刚刚试用的洗面奶富含氨基酸，可以深层清洁毛孔，所以才会洗出这么多污垢。如果您能坚持使用，您的皮肤会变得光嫩细致。

顾客：但是你们的产品太贵了。

推销员：这样吧，您第一次用我们的产品，我额外送您一份试用装，有正装量的一半，相当于给您打个六折。您看怎么样？

顾客：那我试试吧。

从这个例子可以看出，有些异议需要化妆品推销员暂时保持沉默，如果化妆品推销员急于回答顾客的异议，反而会将顾客赶走。这种推迟处理异议的方式，尤其适用于那些购买欲望不强的顾客。因为，这类顾客会将棘手的问题交给化妆品推销员解决，当化妆品推销员无法使其满意时，也就成功脱身了。如果化妆品推销员能够先以产品卖点打动顾客，再去解决顾客异议，就会容易许多。

推销员的私房话

推迟处理适用于解决模棱两可、让人费解的异议，无法用三言两语解决的异议，问题超出推销员能力水平的异议，及涉及较深专业知识的异议。

（4）不予处理

许多异议不需要回答，如无法回答的奇谈怪论，容易造成争论的话题，可一笑置之的戏言，异议另有目的、不是异议本身，异议具有不可辩驳的正确性，明知故问的发难等。推销员不回答时，可采取以下技巧：沉默、装作没听见，然后按自己的思路说下去，通过悄悄扭转对方话题的方式，最后使异议不了了之。

3）保留顾客颜面

顾客在接受销售服务的过程中，会对产品及化妆品推销员持有不同的意见和看法，这是对产品的审视及对其真正价值的感性评估。

在一般情况下，顾客提出异议是正常的。化妆品推销员应该真诚欢迎、虚心接受，并采取一定的方法进行补救。而在少数情况下，顾客可能会因为一些特殊原因而产生异议。这些异议有可能是不客观的，对此化妆品推销员应当正确看待，与顾客沟通时切忌与其争辩，要给对方留有余地。

（1）忌与顾客争辩

顾客异议的产生，有时是毫无逻辑可言的。化妆品推销员在处理这样的顾客异议时，往往会因为不被理解、被曲解而感到不平，从而产生辩解的冲动。但不管顾客异议的内容如何，化妆品推销员都应当坚持不与顾客产生争执，用双方能够接受的语言，向顾客传递信息，使推销工作顺利地进行下去。例如：

当顾客提出疑问："你们产品质量有保障吗？"推销员不要说："我们产品质量当然有保障了！"而应该说："您有这样的顾虑我非常能够理解，我们的产品在全市信誉是最好的，很多购买过的顾客都成了回头客，您可以放心！"

当顾客提出疑问："你们产品怎么这么贵啊？"推销员不要说："一分价钱一分货。"而应该说："好多人原来也觉得价格有点高，但是他们使用过这种产品后，都改变了看法，觉得多花一点钱能够买到功效这么好的产品很值得。"

当顾客提出疑问："我没觉得这款产品有你说的那么好。"推销员不要说："那是你不懂！"而应该说："很高兴听到您的意见，您可以详细说一下您觉得产品哪里没有达到您的预期呢？"

推销员的私房话

"占争论的便宜越多，吃销售的亏越大。"与顾客争辩，吃亏的永远是化妆品推销员。

即使顾客异议是错误的，化妆品推销员也不能直接反驳，而是要通过间接的方式说服顾客，避免与顾客产生正面冲突。

（2）沟通留有余地

由于缺乏与化妆品有关的知识和经验，顾客有时会提出一些具有常识性错误的异议。化妆品推销员在解决这类顾客异议时，应注意表述方式，不要直截了当地指出对方的错误，不给顾客留有余地。例如：

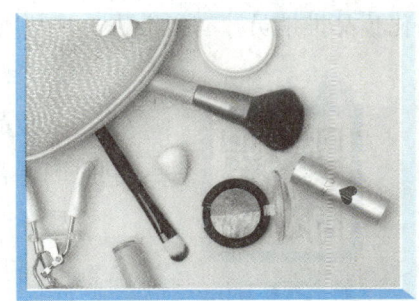

顾客：你们的面霜太贵了，人家××牌的面霜比你们的便宜多了。

推销员：没错，谁都知道××牌便宜，但功效肯定不如我们的好。

顾客：不是啊，我朋友用了五年了，皮肤一直很好。（引证错误）

推销员：五年？不可能，那个牌子才上市两年，怎么可能用了五年？

顾客：难道是我在编瞎话不成？

推销员：你肯定是弄错了，好多人都把××牌认成×××牌，×××牌可是一线大牌，比我们家的东西还要贵，功效当然好了。（直接指出顾客错误，不给顾客留面子）

顾客：不可能，我怎么会认错呢？（顾客面子受损，需要推销员挽回局面）

推销员：明明是你不懂行，山寨货和一线大牌都分不清。（不给顾客留余地）

顾客：你这是什么态度，把你们经理叫来。

在上例中，化妆品推销员不但没有达成交易，还惹恼了顾客，而导致这种结果的主要原因就是化妆品推销员没有给顾客留面子；否则，将是另一番情形：

顾客：你们的面霜太贵了，人家××牌的面霜比你们的便宜多了。

推销员：没错，谁都知道××牌便宜，但功效肯定不如我们的好。

顾客：不是啊，我朋友用了五年了，皮肤一直很好。（引证错误）

推销员：您的朋友可能用的不是××牌，据我所知这个牌子近两年才上市，而且包装和×××牌的包装很像，常常会被弄混。（委婉表达，给顾客留面子）

顾客：是吗？是我记错了吗？

推销员：××牌是刻意仿制×××牌生产的，消费者很容易被误导，×××牌的面霜使用效果的确特别好，但是价格也很高昂，性价比很低，但是我们的面霜性价比就高多了。

顾客：是吗？我看看。

化妆品推销员用委婉的方式指出顾客错误，既为顾客保留了面子，又获得了顾客的好感。而顾客有了面子在心理上也更容易接受产品，有利于交易的继续进行。

二、解决顾客异议的步骤和方法

1. 解决顾客异议的步骤

1）认真倾听

在顾客提出异议的过程中，化妆品推销员要认真倾听，千万不要打断或干扰顾客，以免让顾客觉得不受欢迎。另外，无论是否认可顾客的异议，化妆品推销员都要选择接受顾客异议，以示对其尊重。这样，化妆品推销员才有机会进一步与顾客沟通，提出的意见也更容易被顾客接纳。

扫一扫
解决顾客异议

2）复述问题

化妆品推销员可以通过复述问题的方式，向顾客表示对其异议的认真倾听，同时向顾客确定自己理解的顾客异议准确无误。例如：

顾客：这个乳液太贵了！

推销员：您是觉得我们这款乳液太贵了吗？

顾客：对。

3）了解原因

顾客异议产生的原因不同会使得解决顾客异议所应采取的方法不同。当确定顾客异议内容后，化妆品推销员需要进一步确定顾客异议产生的根本原因，分辨顾客究竟是"不愿意"还是"不能"。例如，在上一案例中，化妆品推销员通过询问的方式了解到顾客觉得乳液价格太贵，这时化妆品推销员就需要进一步确定其所谓的"太贵"是什么含义，是价格承受不起，还是觉得产品价格与同类产品价格相比太贵？

推销员：请问您为什么认为我们的产品太贵了呢？

顾客：你们家定价太贵了，××牌比你们便宜多了。

4）赞同顾客

无论顾客提出何种异议，化妆品推销员都要及时给予顾客肯定，对顾客的异议表示赞同。例如：

推销员：女士，我非常能够理解您所说的这些事情和您的考虑，同时您所说的这些问题也是非常重要的，我想我们真应该好好研究这些问题。

5）回应问题

在向顾客表示赞同后，化妆品推销员需要针对顾客提出的异议内容，开始解决这些异议。

2. 解决顾客异议的方法

常见的解决顾客异议的方法有以下几种。

1）反驳法

反驳法又称直接否定法，是指化妆品推销员根据较明显的事实与充分的理由直接否定顾客异议的处理方法。从理论上讲，这种方法应该尽量避免。

直接反驳顾客容易使气氛僵化而不友好，使顾客产生敌对心理，不利于顾客接纳化妆品推销员的意见。但如果顾客的反对意见是源于对产品的误解，而化妆品推销员可以通过手头上的资料说明问题时，不妨直言不讳。

在反驳顾客的过程中，化妆品推销员一定要注意表述方式，态度一定要友好而温和，语言一定要严谨，最好是引经据典，增强自身的说服力。此外，化妆品推销员还要让顾客感受到自身的自信和诚意，让顾客愿意相信自己，增强顾客对产品的信心。

例如，顾客提出此处的售价比别处贵时，如果化妆品推销员所在的公司实行了推销标准化，产品的价格有统一标准，化妆品推销员就可以拿出目录表，坦白地告诉顾客。

顾客：你们这儿的产品价格怎么比其他家贵这么多呀？

推销员：您是说我们这里的产品价格比其他同类产品价格贵吗？

顾客：不是，也是这个牌子，怎么你们这儿的这么贵呀？

推销员：我们的产品都是统一定价的，不会多收您钱的。您看的会不会是同类包装的其他产品？

顾客：是吗？

推销员：当然，您看这是产品目录表，上面有产品图片和价格。

顾客：原来是这样，这个是我看到的那一款，原来两款不一样啊！

在这个案例中，化妆品推销员有效地使用反驳法否定了顾客提出的异议。反驳法可以有效地处理由于顾客的误解、成见、信息不足等而导致的有明显错误、漏洞、自相矛盾的异议。但是，这种方法容易使顾客增加心理压力、产生抵触情绪，甚至可能伤害顾客的自尊，引起顾客的反感或激怒顾客，使得销售气氛紧张，阻碍产品交易的达成。

2）间接否定法

间接否定法也称转折处理法，是指化妆品推销员根据有关事实和理由来间接否定顾客的意见，是销售工作中经常用到的方法。运用这种方法时，化妆品推销员首先要承认顾客的看法有一定的道理，在肯定顾客部分意见的基础上，将自己的不同看法表述给顾客。在表达不同意见时，化妆品推销员要尽量用表示转折的句子，先对顾客的异议表示同情、理解，或者是简单地重复顾客提出的异议，使顾客心理有暂时的平衡，然后再对顾客异议进行委婉的反驳。例如：

顾客：这款乳液太贵了！

推销员：这款产品价格确实不低，但是，它的产品采用纯中药配方，功效明显优于其他同类产品，虽然价格高，但是性价比也很高，是真正的物有所值。

在销售实践活动中，间接否定法较反驳法使用得更为广泛。这种方法以退为进，语气委婉，一般不会冒犯顾客，容易被顾客接受。又如：

顾客：这个颜色的口红早就过时了！

推销员：小姐，您的记忆力真好，这种颜色的口红原来已经流行过了。我想您是知道的，时尚的潮流是轮回的，这种颜色的口红今年又流行了起来，很多人都在用呢。

只要灵活地掌握间接否定法，化妆品推销员就能够很好地缩短与顾客之间的心理距离，使顾客感到被尊重、被承认、被理解，有利于化妆品推销员与顾客之间保持良好的销售氛围和人际关系。

推销员的私房话

然而，间接否定法在实际应用中也有一定的局限性。化妆品推销员对于顾客异议的部分肯定，会促使顾客因为受到鼓励而提出更多的异议。

3）转化处理法

转化处理法是指化妆品推销员对顾客异议中有利于销售成功的因素进行加工处理，转化为对自己有利的观点，来消除顾客异议，说服顾客接受产品。例如：

顾客：你们的产品价格太高了，即使现在正在打折我也买不起。

推销员：产品价格高正是因为它所用的原材料价格昂贵，所以才会使产品定价高，但是这也同时说明了产品品质有保障，而且现在还在打折，如果不抓住机会，以后买就更贵了。

化妆品推销员通过"以子之矛攻子之盾"改变了顾客异议的性质和作用，把顾客异议转化为说服顾客购买产品的理由。用顾客的观点来说服顾客，更容易被顾客接受。这个方法不仅帮助顾客改变了其在关键问题上的看法，还把成交的障碍转化为成交的动力。

但是在应用这个方法时，化妆品推销员一定要讲究礼仪，不能伤害顾客的感情。如果方法使用不当，就会给顾客被人利用、愚弄的感觉，使顾客感到有损自尊，引起顾客的反感和恼怒，甚至会使顾客因失望而提出更难解决的异议。

4）以优补劣法

以优补劣法又称补偿法，是指化妆品推销员利用顾客异议以外的产品或服务的优点来抵消顾客异议的处理方法。化妆品推销员应该意识到：产品不可能尽善尽美，满足所有顾客的期待，与市场上的竞争产品相比，产品也会有缺点和不足。因此，化妆品推销员应当辩证地去看待顾客提出的异议，向顾客充分地证明即使产品存在缺点，但产品优点更多，从而利用产品的优点来补偿甚至抵消产品的缺点。例如：

顾客：你们这个护手霜吸收效果不好呀！

推销员：您说得对，这款护手霜的吸收效果的确不是很优异。它是我们店里的亲民款，能够满足您日常的护肤需求，而且价格也很优惠，使用它可以确保您的双手滋润不干裂，是真正的物美价廉。

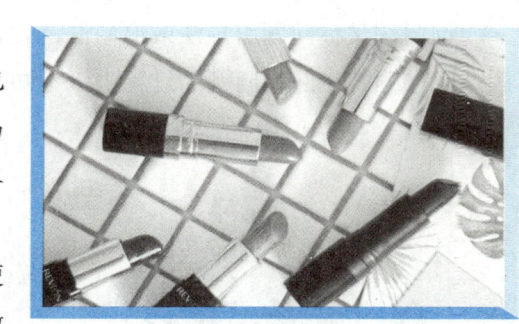

在顾客提出真实异议后，化妆品推销员通过以优补劣法使顾客的心理得到补偿，既打消了顾客的疑虑，又以价格优势激励顾客购买。又如：

顾客：你们的眼霜价格好贵啊！

推销员：与同类产品比较，我们的价格是贵了一点。但是一分价钱一分货，我们的产品市场定位本来就是高端护肤品，生产和用料都很讲究，成本也相对较高。而且抗皱效果非常好，顾客回购率也很高。

顾客：但你们的包装太小了，这么贵就这么一点点。

推销员：小是小了一点，但是包装小定价也会相应地降低。眼霜一次用量很少，而且使用后保质期很短。如果产品包装太大，不能及时用完，也会很浪费。

在顾客异议符合实际情况时，化妆品推销员要勇于承认，并靠充分的证据让顾客感觉异议中的问题与产品优点相比是微不足道的，从而使顾客心理达到平衡。在补偿的过程中，化妆品推销员既要肯定顾客异议，又要通过说理使顾客认识到购买产品所能带来的利益，使顾客在理智和情感上都能够获得平衡。

以优补劣法的优点在于：化妆品推销员实事求是地承认产品的不足并客观地向顾客介绍产品的优点，会给顾客真诚、客观、可以信赖的感觉，从而有利于产品交易的达成。另外，化妆品推销员给予顾客肯定和补偿会帮助化妆品推销员进一步与顾客建立良好的购销关系。但这一方法的缺点也很明显：化妆品推销员对顾客异议的肯定可能会导致顾客对产品的误会，助长顾客对异议的坚持，使顾客失去购买产品的信心，甚至会增加说服顾客的难度，降低推销效率。

推销员的私房话

如果顾客在价格上有异议，就与他们谈质量；如果顾客在质量上有意见，就与他们谈服务；如果顾客在服务上有不满，就与他们谈价格。

5）太极处理法

太极处理法是指化妆品推销员见招拆招，将顾客提出的异议转换成顾客必须购买产品的理由，借力使力，解决顾客异议。例如：

顾客：我的皮肤不好，用什么护肤品都没用。

推销员：正是因为您皮肤状况不佳，用了我们的产品，效果才会更加明显呀！

这类方法一般适用于异议不是十分坚定的顾客。化妆品推销员可以借用解决顾客异议的机会，向顾客阐述购买产品所能带来的利益，从而引起顾客购买产品的意愿。

6）询问法

询问法又称问题引导法或追问法，是指化妆品推销员利用顾客提出的异议，直接以询问的方式提出问题，引导顾客在回答问题的过程中，不知不觉地回答了自己提出的异议。例如：

顾客：这款防晒霜是不错，不过我不需要。

推销员：您已经有防晒霜了吗？

顾客：还没有，不过我不需要这款。

推销员：是这款不能满足您的需求吗？

顾客：算是吧。

推销员：那是不能满足您的什么需求呢？是防晒系数不够，还是不适合您的肤质呢？

顾客：我不需要这么贵的。

推销员：所以其他方面您还是满意的，对吗？

顾客：嗯。

推销员：可是根据您对防晒霜的需求，这款已经是性价比最高的了，您真的不考虑一下吗？

通过询问的方法来处理顾客异议，可以帮助化妆品推销员获得更多的顾客信息，为进一步达成交易创造了条件。

推销员的私房话

询问顾客时，需要注意：询问要及时，了解顾客真实想法；问题要有针对性，提高时间效率；注意尊重顾客，适度地问询；不要让顾客感受到压力。

询问法使化妆品推销员从被动的旁听者变为主动的参与者，带有请教意义的询问会让顾客有被尊重的感觉，从而愿意配合化妆品推销员的工作；而方法不当的询问则会让顾客不满、产生抵触情绪，从而破坏销售气氛，阻碍销售工作的顺利进行。

7）冷处理法

冷处理法是指化妆品推销员对于顾客提出的异议不予理睬，以分散顾客注意力、回避矛盾的方法处理顾客异议。在通常情况下，化妆品推销员应该热情地解答顾客提出的各种各样的问题，以帮助顾客了解、认识产品。但是，当顾客提出了一些无效的、无关的、虚假的异议时，化妆品推销员最好不要反驳，采取冷处理法，忽视、回避或转移话题，以保持良好的洽谈气氛，避免与顾客发生冲突。例如：

顾客：你们这店铺位置也太难找了吧！说是在电梯右手边，可是商场里这么多电梯，叫人怎么找啊？

推销员：您一定是对我们的产品感兴趣吧？您有什么想要了解的吗？我来为您介绍。

冷处理法不可随意滥用，在运用此方法时，化妆品推销员应注意说话的语气和态度，要做到尊重顾客、耐心聆听，同时找到其他与顾客交谈的内容，避免顾客因受到冷落而产生不满情绪。

8）委婉处理法

化妆品推销员在没有考虑好如何答复顾客的反对意见时，可以先用委婉的语气把对方的反对意见重复一遍，或用自己的话复述一遍，从而达到削弱对方气势、使问题更易回答的目的。例如：

顾客：你们的东西怎么越来越贵啊？

推销员：您是觉得产品价格有些高吗？

顾客：是啊！价格比去年高多了！怎么涨了这么多？

推销员：的确，价格比起前一年确实高了一些。

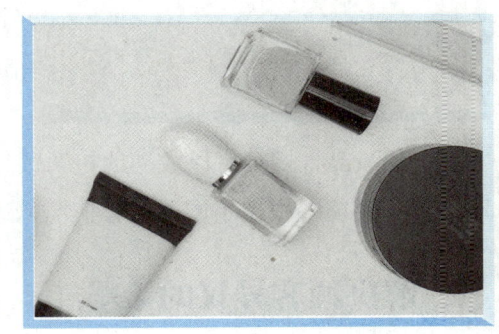

在使用委婉处理法解决顾客异议时，化妆品推销员需要注意不要曲解顾客的看法，采取恰当委婉的方式将顾客的意见复述出来，否则会让顾客认为化妆品推销员在刻意歪曲其本意而产生不满的情绪。

9）预防处理法

预防处理法是指化妆品推销员在销售产品的过程中，确信顾客会提出某种异议，从而在顾客尚未提出异议时，就先把问题说出来，继而适当地解释说明，予以回答。例如，化妆品推销员希望顾客预订购买某款售罄的产品，因此发生了以下对话：

推销员：女士，您看的这款面霜是我们的畅销款，销售量非常好，您可以在手上试用一下。

顾客：是不错，现在有活动吗？

推销员：今天是促销活动的最后一天，可以给您打 7 折，不过您可能需要预订。您看我们的产品质量有保障、销售量也非常好，所以目前已经没有库存了，您手上这款是我们的试用装也不能卖给您。您先下单，等有货了我们给您打电话通知您来取，您看怎么样？您也知道我们是大品牌，信誉有保障，而且现在买真的划算，只是需要您多等几天。

顾客：好吧，那帮我预订一份。

由此可知，化妆品推销员在迎接顾客之前，应预先想到顾客可能会产生的异议，并准备好解决方法，以便在销售活动中能够灵活运用。

推销员的私房话

预防处理法可以帮助化妆品推销员先发制人，从而有效地阻止顾客异议的产生。

10）合并意见法

合并意见法是指化妆品推销员将顾客的异议集中汇总成一个意见或集中在一个时间讨论，以达到削弱

反对意见对顾客影响的目的。例如：

顾客：这款乳液太油了，而且吸收效果也不好，牌子太小众了，好多人都不知道。

推销员：其实这个品牌已经有五十年的历史了，是国产经典护肤品牌，主打滋润护肤的功效，特别适合在寒冷的冬季使用。

合并意见法可以帮助化妆品推销员将顾客的异议一次性排除，并向顾客强调产品的优点。使用此方法时，化妆品推销员应注意不要在一个异议上纠缠不清，因为人们的思维往往具有连带性，会由一个异议派生出更多的异议。同时，化妆品推销员还需注意不要长篇罗列，要尽可能快速地复述顾客的所有异议，并立刻转换话题，在顾客失去兴趣前将顾客的注意力吸引到产品优势上去。

通过正确分析顾客异议，灵活巧妙地运用以上解决顾客异议的方法，化妆品推销员可以成功地扭转顾客对产品的看法，并顺利地与顾客达成交易。在销售活动中，化妆品推销员要能够根据不同的销售情况，选择合适的解决方法，以提高销售效率，提升销售业绩。

三、解决顾客异议的策略

在销售产品的过程中，顾客异议是不可能避免的。只有成功地处理各种异议，才能促成交易，下面将讲述几种不同的顾客异议解决策略。

1. 价格异议的解决策略

价格异议是指顾客以产品价格过高为理由拒绝购买产品。在实际销售活动中，价格问题一直是影响销售的重要因素，化妆品推销员应当首先分析和确认是什么因素导致顾客提出价格异议，然后采取一定的策略来解决价格异议。

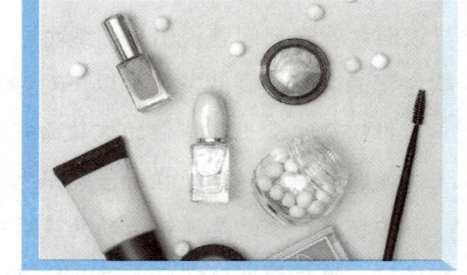

1）产生价格异议的因素

顾客产生价格异议的因素可以分为主观因素和客观因素两种。

（1）主观因素

顾客对产品价格高低的评价带有强烈的主观色彩，令顾客觉得产品价格太贵的主观因素主要有：顾客因为不了解市场行情或缺乏相关知识而导致其不了解产品的真正价值；顾客只想买到更便宜的产品；顾客想以比其他顾客更低的价格购买产品；顾客想知道推销员的底价；顾客还有更重要的异议，这些异议与价格没有什么联系，他只是把价格异议作为一种掩饰。

顾客产生价格异议的主要心理动机有：顾客认为讨价还价肯定有好处，或没有讨价还价会吃亏；顾客不想让推销员轻易达到目的；顾客想在讨价还价中击败推销人员，以此显示其谈判能力。

（2）客观因素

顾客对产品价格的评价也会受到诸如价格政策、市场环境、与同类产品的价格比较、产品性价比、顾客购买能力、购买产品的预算等客观因素的影响。

2）解决价格异议的策略

（1）强调相对价格

产品价格代表了产品的货币价值，是产品使用价值的外在表现。在销售产品的过程中，化妆品推销员不能简单地与顾客讨论产品价格的高低，而是要把产品价格和产品的使用价值联系在一起。例如：

顾客：这款香水味道是很好，就是价格太高了。

推销员：您看的这款香水可是××品牌的高端系列香水。

顾客：是吗？怪不得这么好闻。

推销员：当然，××品牌有上百年的历史，产品深受广大消费者的喜爱，尤其是栀子花香系列，更是经典中的经典，常常是一货难求！

顾客：好吧，那给我包起来！

产品价格在很大程度上，是人们内心的一种感觉。化妆品推销员应通过介绍产品的特点、优点，带给顾客的利益，使顾客最终认识到，产品的使用价值是高于产品的实际价格的。

（2）强调价值

顾客购买产品就意味着其同时要付出一定量的货币。因此，顾客在交易过程中，会衡量这种交换对自己是否有利。因此，化妆品推销员需要对产品的使用效果、使用成本、使用收益等方面进行综合分析，向顾客说明购买产品所能带来的利益远高于其他同类产品，让顾客充分认识到产品的价值，愿意为产品的价值付出相应的货币。例如：

顾客：东西是不错，但是太贵了。

推销员：您也知道您看中的粉底液是××品牌的经典款，价格虽然高，但是使用效果非常好，是真正的物有所值。

顾客：可是这些钱可以买两瓶别的牌子的了！

推销员：您购买粉底液一定是为了让自己更美，虽然其他粉底液也可以使用，但是遮瑕效果跟我们的产品比还是有一定差距的。与其买两瓶效果一般的产品，不如买一件令自己称心的，您说呢？

顾客：也是，那就买一瓶吧。

推销员的私房话

在使用此类策略时，化妆品推销员需要对市场上的同类产品了如指掌，用事实依据来证明自己的产品贵得有理由，更值得顾客购买。

（3）小计量单位报价

在向顾客介绍产品价格时，化妆品推销员可以用尽可能小的计量单位报价，以减少高额价格对顾客的心理冲击。例如：

顾客：540元？你们这个面霜价格有点贵啊！

推销员：我们的面霜含有鹿茸、当归、天门冬等中药成分，能够补充皮肤水分，降低皮肤内火，使皮

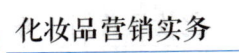

肤保持弹性和充足的滋润度。这款面霜是××品牌的高端系列产品，绝对物有所值。

顾客：东西是不错，但是我不想就为了一款面霜花这么多钱。

推销员：您想想看，一瓶面霜可以用半年，即180天，平均每天3元。您认为每天花3元钱就可保持肌肤美丽，不划算吗？

顾客：一天就花三块钱？

推销员：是啊，每天三块钱就可以让您的肌肤营养有光泽。

顾客：听起来好像是那么回事！那就给我包起来吧！

（4）适当让步

在销售活动中，双方讨价还价是免不了的。在遇到价格异议时，化妆品推销员要注意：不可动摇对产品和品牌的信心，不要轻易地让步。如果只想以降价化解价格异议，就会很容易被对方牵着鼻子走，不仅影响产品的销售，还会有损产品形象。化妆品推销员可以在自己的权限内，适当地送给顾客一些小礼品或产品小样，加深与顾客的感情，让顾客觉得比其他顾客多一点优待，以加快销售进程，让顾客欣然接受产品而放弃打折等要求。

推销员的私房话

化妆品推销员向顾客让步需要遵循以下原则：让步应对双方都有好处；大问题上不让步，小问题可适当让步；让步要恰到好处，用较小的让步给对方较大的心理满足。

2. 货源异议的解决策略

货源异议是指与产品品牌、现有供货商或化妆品推销员信誉有关的一种异议。许多货源异议都是由顾客的购买经验、购买习惯造成的，化妆品推销员在处理这类异议时，可以采用以下三种策略。

1）锲而不舍

通常有稳定购买习惯或接受过不诚信商家服务的顾客会对化妆品推销员有较强的戒备心理，也更容易产生货源异议。例如：

顾客：我不习惯用××牌以外的产品。

在这种情况下，化妆品推销员应不怕遭到拒绝，尽量多与顾客接触、联络感情，为向顾客进行针对性劝说创造机会。

2）提供例证

在顾客提出不信任化妆品推销员且不愿意购买其推荐的产品时，化妆品推销员可以向顾客提供产品卫生许可证、营业许可证、有关知名企业订单、产品技术认证证书、企业资质证明等有关资料，以提高自身可信度，更好地消除顾客疑虑，获得顾客认可。

3）强调受益

在顾客提出有习惯购买的品牌或店铺并且没有改变购买习惯的打算时，化妆品推销员可以对不同货源的产品在性能、服务、形象等方面进行多方比较、分析，帮助顾客认清购买不同产品所能带来的利益，从而获得顾客青睐。例如：

顾客：我只用××牌的产品。

推销员：没关系，您可以先了解对比一下。您说的××牌我也有所了解，他们的眼霜使用效果很好，但是价格略贵。您看我们的眼霜，紧实淡纹效果丝毫不弱于××牌的眼霜，而且价格实惠，性价比很高。您不妨考虑一下？

顾客：我看看。

3. 购买时间异议的解决方法

在实际销售活动中，顾客常常会用时间异议借故推脱，以达到拒绝购买的目的。在解决这类异议时，化妆品推销员可以采用以下三种策略。

1）机会激励

机会激励是指化妆品推销员结合店里的优惠活动，激励顾客及时购买产品，使其不要再犹豫不决，抛弃观望的念头。例如：

顾客：我一会儿还有事，改天再来看吧。

推销员：我们店里现在正在做店庆活动，全场一律 7 折优惠，部分商品还有小样赠送，如果您下次来，可能就没有这么大的优惠力度了。

机会激励具有一定的局限性，如果店里没有优惠，就无法使用此策略来激励顾客购买产品。

2）风险提醒

风险提醒是指化妆品推销员在顾客提出时间异议后，用产品涨价、售罄等可能发生的事件提醒顾客尽早购买产品，以免有不可预料的情况发生。

3）群体效应

群体效应是指化妆品推销员向顾客阐明销售的产品很受其所属群体的喜爱，如果不购买产品，将不能与大家保持一致，以此来影响顾客，使顾客做出购买决定。

4. 产品异议的解决方法

如果产品的性能、服务、形象等方面出现了问题，就很有可能使顾客产生产品异议。在解决这类异议时，化妆品推销员可以采用以下两种策略。

1）现场示范

产品质量和产品使用价值是两个不同的概念。对顾客来说，产品质量即使再好，如果没有使用价值就不值得购买。化妆品推销员可以在现场向顾客示范产品，把产品的特点展示出来，从而让顾客切实地体会到产品的使用价值，以此来打动顾客，让顾客产生购买欲望。例如：

顾客：你这个面膜看起来没什么特别的呀。

推销员：这款面膜是免洗型面膜，使用前后不需要洁面，用起来非常方便，而且价格实惠，连先面奶的钱都省了呢。如果您不信我可以现场给您试一下，效果非常好。

化妆品推销员现场为顾客试用了免洗面膜，顾客使用后效果非常不错。

推销员：您看，敷完面膜后您的皮肤更加有弹性，而且不用洁面都很清爽。这款面膜使用方法简单、效果明显，非常值得购买！

向顾客示范时，需要注意：应提前设定演示步骤，防止演示失败；演示过程要简短，并让顾客参与其中；要向顾客重点强调产品的使用价值。

2）试用试销

在顾客对产品抱有怀疑态度时，化妆品推销员可以采用试用试销策略，以产品如有质量问题承诺退款的形式将产品销售给顾客，让顾客无后顾之忧、放心地购买产品。例如：

顾客：你们的产品效果这么好，是不是用了什么违规添加剂呀？

推销员：这点您可以放心，我们的产品都经过了严格的质量检测，肯定没有问题。您可以放心购买，如果产品真的有什么违规添加剂，我们可以全额退款给您。

任务实施——解决顾客异议

活动目的

通过情景模拟游戏，帮助学生掌握解决顾客异议的态度、原则、方法和策略。

活动内容及流程

① 老师选取两款不同类型的化妆品作为道具。

② 学生自由分组，每组 2~4 人，共分成 n 个小组。

③ 老师将学生小组按照 1~n 进行编号。

④ 每个小组分别交出一份交谈提纲，包含顾客异议和解决异议的方法和策略。

⑤ 1 号小组学生扮演推销员，2 号小组学生扮演推销员要接待的顾客；2 号小组学生扮演推销员，3 号小组学生扮演推销员要接待的顾客；……；n 号小组学生扮演推销员，1 号小组学生扮演推销员要接待的顾客。

⑥ 各小组按照⑤中的顺序，分别扮演不同的角色进行产品销售的情景模拟游戏。

⑦ 在所有小组参与完情景模拟后，老师根据各小组的表现，按照表 6-2 为其打分。

表6-2 评 分 表

学生小组：＿＿＿＿＿		评分标准	实际得分	备 注
交谈提纲		每提出一个合理的顾客异议得1分		
		每分析正确一个顾客异议的产生原因得1分		
		每给出一个正确解决顾客异议的方法得1分		
		每提出一个正确解决顾客异议的策略得1分		
扮演推销员		正确解决顾客异议得5分		
		端正解决顾客异议的态度得10分		
		解决顾客异议的原则正确得10分		
扮演顾客		每提出一个对方无法回答的异议得3分		
		每提出一个不合理的异议扣3分		
总分				

⑧ 老师将各小组按照最终得分的高低进行排名，并根据情况设置活动奖品。

项目学习效果综合测评

一、判断题

1．顾客异议是指顾客针对产品提出的反对意见。 （　　）

2．顾客异议产生的原因是顾客对产品的期望值过高。 （　　）

3．按照影响性质的不同，可以将顾客异议分为有关异议和无关异议两种。 （　　）

4．在解决顾客异议的过程中，化妆品推销员需要时刻保持紧张的情绪。 （　　）

5．化妆品推销员需要提前做好解决顾客异议的准备。 （　　）

6．在解决顾客异议的过程中，化妆品推销员不可以直接否定顾客异议。 （　　）

二、填空题

1．按内容的不同可以将顾客异议分为＿＿＿＿＿＿＿和＿＿＿＿＿＿＿两类。

2．顾客异议的产生原因有＿＿＿＿＿＿＿、＿＿＿＿＿＿＿和＿＿＿＿＿＿＿三类。

3．按异议产生的根源性不同可以将顾客异议分为＿＿＿＿＿＿＿和＿＿＿＿＿＿＿两类。

4．解决顾客异议的步骤可分为＿＿＿＿＿＿＿、＿＿＿＿＿＿＿、＿＿＿＿＿＿＿、

＿＿＿＿＿＿＿和＿＿＿＿＿＿＿五步。

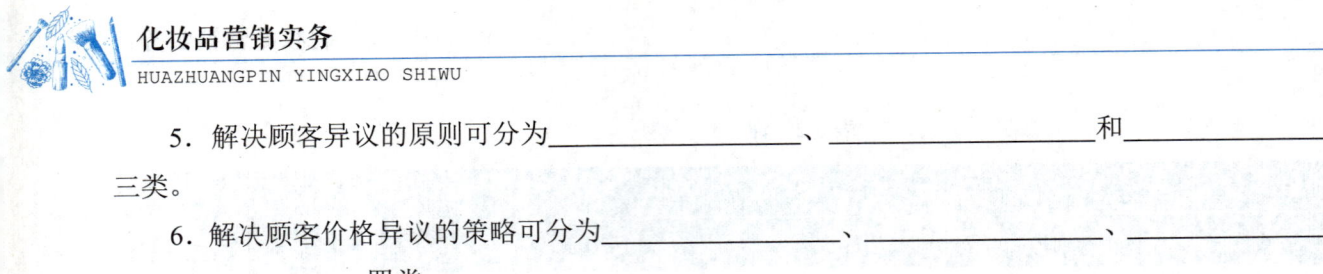

5．解决顾客异议的原则可分为＿＿＿＿＿＿＿＿、＿＿＿＿＿＿＿＿和＿＿＿＿＿＿＿＿三类。

6．解决顾客价格异议的策略可分为＿＿＿＿＿＿＿＿、＿＿＿＿＿＿＿＿、＿＿＿＿＿＿＿＿和＿＿＿＿＿＿＿＿四类。

三、综合题

老师将各小组在任务一的任务实施中的实地调研结果进行整理，总结出三个顾客最常提出的异议。学生2～4人一组，共同分析讨论解决该顾客异议的方法和策略，并做成PPT，上台讲述。

项目七

产品促销

产品促销作为化妆品营销的重要组成部分，是化妆品推销员应对化妆品竞争、吸引顾客、树立产品形象的基本营销手段。随着市场竞争越来越激烈，产品促销在化妆品销售中发挥的作用也越来越重要，产品促销已经成为化妆品推销员提高产品销售量的必备技能。

任务一

了解产品促销

任务目标

知识目标

① 了解促销的原因。
② 掌握促销的作用。
③ 掌握促销的策略。
④ 掌握促销的方式。

素质目标

① 能根据促销活动内容，判断促销活动的目的、策略和方式。
② 具备一定的团队合作意识。

任务引入——促销策略的选择

　　小赵是某化妆品店的店长。为了吸引新顾客，小赵打算进行一次新店开业促销活动，于是，小赵便产生了以下的想法。

　　① 尽管店铺经营的是大众广泛熟知的产品，但是店铺本身知名度却不够，计划通过免费发放试用产品的方式吸引顾客前来。

　　② 虽然销售的产品物美价廉，性价比已经很高了，但是为了让更多的人购买产品，计划对产品进行降价促销。

　　③ 店铺内的部分产品已经过了销售的黄金时期，逐渐淡出人们的视野，因此计划采取赠券促销的方式，吸引更多顾客。

　　思考：小赵对促销策略、方式的选择是否有不妥之处？该如何改进？

知识准备

　　促销是指推销人员把产品信息传递给顾客，激发顾客的购买欲望，影响和促成顾客购买行为的活动。

　　在促销活动刚刚出现时，许多化妆品推销员对促销并不看好，他们认为促销会使产品好不容易建立起来的良好形象毁于一旦。但在实际展开促销活动的过程中，化妆品推销员却发现促销不仅没有影响产品形象，而且还会增加产品的销售量。这样的事实结果使得化妆品推销员对促销的看法有了很大的转变，让化妆品推销员越来越愿意开展促销活动。

一、促销的原因

　　一般来说，化妆品推销员选择进行促销活动有内、外两方面的原因。

1. 内部原因

　　化妆品推销员作为化妆品的销售人员，需要有一个工作衡量标准，这个标准通常是化妆品的销售业绩。为了在一定时期达到一定的业绩标准，化妆品推销员通常会采取促销活动，来促使顾客消费，从而实现销售业绩的提升。

2. 外部原因

　　随着市场上的化妆品品牌不断涌现，产品同质化越来越严重，产品越来越难以在质量、功能上进行区

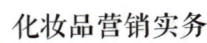

分，化妆品推销员不得不为产品寻找新的卖点，而利用产品价格优势来吸引顾客，无疑是最简单、直接、有效的方式，所以促销活动便应运而生。虽然，促销活动的进行需要花费一定的成本，但是随着化妆品销售量的提升，产品利润总额也会上涨，因此促销成了化妆品推销员促进销售的很好选择。

迫于强大的市场竞争压力，在其他同行业竞争者从事促销活动后，化妆品推销员纷纷加入促销活动中，使得市场中的促销活动循环往复、层出不穷。

课堂讨论

根据以往的购物经验，与周围的小伙伴讨论一下学校周围化妆品店开展促销活动的频率，并讨论他们开展促销活动的原因。

二、促销的作用

促销的终极目标是把产品销售出去，而在销售产品的过程中，它也有一些其他作用。

1. 提升产品知名度

通过促销活动可以让更多顾客认识产品、了解产品，这能大大提升产品的知名度，而品牌越被顾客熟悉，就越有可能被顾客选择购买。

2. 增加顾客尝试产品的机会

通过促销活动，化妆品推销员可以让更多的顾客了解并尝试使用正在促销的化妆品，使顾客了解到化妆品的优点和特色。

推销员的私房话

产品的使用效果对产品销售有着至关重要的影响：如果顾客对结果满意，就会产生再次购买的欲望；如果顾客对结果不满意，就会失去再次购买产品的欲望。

3. 让顾客再次购买

促销可以让购买过产品的顾客再次进行购买，即产生续购行为。有时，即使顾客对产品满意，但出于价格等原因无法使顾客直接产生续购行为，而促销活动则可以促使续购行为的发生，并帮助顾客养成续购产品的习惯。

4. 增加产品销售量

当产品具备一定数量、有固定购买习惯的稳定顾客时，化妆品推销员想要进一步提高产品销售量，则需要在销售方法上做出改变，其中一个方法就是说服顾客提高单次购买量。在促销活动期间，化妆品推销员可以通过团购、多买优惠等方式进一步提高产品销售量。

5. 实现顾客使用产品的品牌转换

促销具备从竞争品牌争取顾客的功能。在一般情况下，对原有品牌满意的顾客不容易被争取到，但通过促销活动，化妆品推销员可以改变竞争环境，来动摇顾客对竞争品牌的忠诚度。例如，李女士习惯使用 A 品牌化妆品，但是 B 品牌化妆品正在大力促销，礼品赠送、抽奖、积分兑换三重促销令李女士心动不已，使得李女士产生了尝试使用 B 品牌化妆品的想法。

推销员的私房话

促销是从竞争品牌争取顾客的第一步。如果产品本身能够让顾客满意，甚至比原来的产品还要好用，顾客就会长久地选择该产品。

6. 增加客流量

大众往往会被热闹的场景所吸引，促销活动越精彩，被吸引的顾客数量就越多，这样又会使店铺活动更具有吸引力。"以人潮吸引人潮"，店铺客流量越大，产品成交的概率就会越大。销售人员相信，只要客流量足够多，产品就一定可以达到令人满意的销售量。

7. 提高产品流转率

流转率是指在一段时间内产品卖出的单位数量。产品流转率越高，证明其在市场上就越受大众欢迎。对于化妆品这种消耗类产品来说，其流转率可以用天来计算。促销可以帮助化妆品推销员在短期内提高产品销售量，从而提高产品流转率，减少产品库存堆积压力。

促销本身也具有一定的局限性，促销活动效果的好坏依赖于产品的性能、质量、服务、形象、价格等因素。例如，产品质量不过关，虽然降价促销可以短时间内提高产品销售量，但是一旦促销期限过后，产品恐怕会面临更大的销售压力。

推销员的私房话

如果顾客已经对某品牌产生抵触情绪，化妆品推销员就很难通过促销来扭转该品牌在顾客心中的定位。促销只能锦上添花，不能雪中送炭。

三、促销的策略

促销策略是化妆品推销员根据产品生命周期采取的不同促销活动方针。

1. 产品生命周期

产品生命周期是指产品从投入市场到最终退出市场的全过程。该过程一般经历产品的导入期、成长期、成熟期和衰退期四个时期，如图 7-1 所示。产品生命周期是化妆品推销员确定促销策略的基础。研究产品生命周期，可以使化妆品推销员更好地了解产品的发展趋势，适时地调整促销策略。

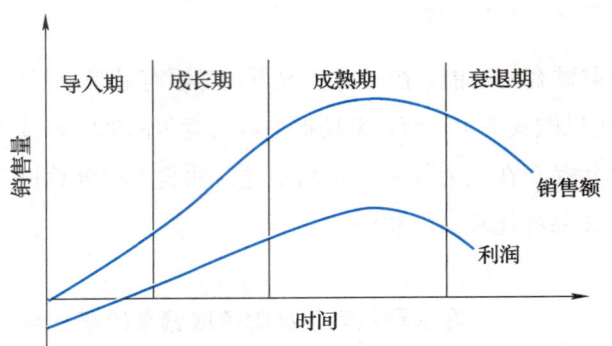

图 7-1　产品生命周期

推销员的私房话

产品生命周期与产品使用寿命是两个不同的概念。产品使用寿命指的是产品的自然寿命，是由产品的使用时间、使用强度等因素决定的，是产品使用价值的体现。而产品生命周期指的是产品的市场寿命，是由市场上的各种因素和产品自身因素共同决定的，是产品交换价值的体现。使用寿命短的产品不代表其生命周期短，使用寿命长的产品也不等于其生命周期长。

2. 不同时期的促销策略

1）导入期的促销策略

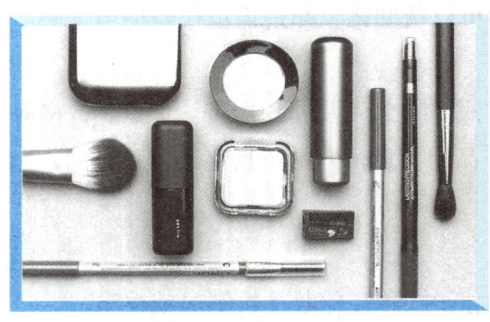

导入期是指新产品首次上市后的最初销售时期。在这一时期，产品的销售渠道还未完全建立，新产品的性能、质量、服务还不够完善。与此同时，产品刚开始投放市场，顾客对产品还不够了解，更不愿放弃自己的消费习惯，因而会对新产品持怀疑和观望的态度。

因此，导入期的产品销售量低、单位成本高、利润少，而广告费用和其他营销费用开支较大，市场风险最大。在这一时期，化妆品推销员需要以提高产品认知率为主要促销策略，让更多的顾客了解产品、试用产品，从而有效地打开局面，使新产品顺利地进入市场。

2）成长期的促销策略

经过导入期高成本的促销活动，顾客对新产品已经熟悉、了解，许多顾客消除了疑虑，开始购买产品，产品销售进入了成长期。这一时期的产品获得了大多数顾客的认同，其销售量快速增长，产品单位成本有所降低，产品利润率逐步达到顶峰，这一时期的市场环境对产品销售更为有利。

为了获得更多的利润，化妆品推销员需要尽可能延长产品成长期，使产品保持较快的增长率和较高的市场占有率。这一时期的促销重点由建立产品知名度转向增强顾客对产品的信任感，培养顾客品牌偏好。

因此，化妆品推销员需要加强产品性能、品牌的宣传，树立强有力的产品形象，以提高产品竞争力，但这也会相应地增加销售成本，所以，这一时期化妆品推销员面临着"高市场占有率"和"高利润率"的选择。选择"高市场占有率"就会减少销售利润，但同时也加强了产品的市场地位和竞争能力，从长远角度来看，这样更有利于产品的长远发展。许多大品牌，通常都会在成长期选择"高市场占有率"作为促销目标。

3）成熟期的促销策略

成熟期是指产品市场销售量很大，但增长速度明显放慢，甚至开始下降的阶段。对许多产品来说，这一阶段持续时间最长，成熟期可以分为以下三个阶段。

① 成长阶段。在此阶段，各销售渠道基本呈饱和状态，销售利润增长率开始下降，而销售增长率的下降还不明显，还有部分消费者继续进入市场。

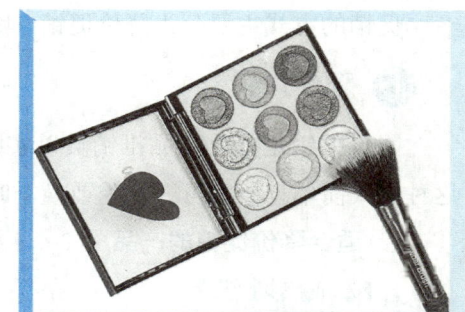

② 稳定阶段。当产品市场饱和，顾客消费水平平稳，产品销售增长率停止增长并开始下降时，产品进入稳定阶段。

③ 衰退阶段。当产品的销售额显著下降，顾客的注意力开始转向其他产品和替代品时，产品进入衰退阶段。

在成熟期，为了维持已有的市场份额，化妆品推销员需要采用加强售后服务的促销策略。

4）衰退期的促销策略

衰退期是指产品已经陈旧过时，销售量下降速度很快的阶段。因替代产品已经问世，顾客注意力发生转移，大多数顾客不再购买产品，所以销售量急剧下降，利润也随之下降，甚至出现亏损，多数企业在这一时期无利可图，被迫退出市场。

这一时期主要以保住忠实消费者为主要促销策略，化妆品推销员需要尽可能地降低促销费用，通过大幅度削减推销、广告费用来削减成本，虽然可能会导致销售量下降，但可以在短时间内增加利润，一般可作为停产前的过渡策略。

通过对产品生命周期理论的学习，化妆品推销员可以掌握产品生命周期的特点，从而推测产品的发展趋势，并采取合适的促销策略。产品生命周期的特点见表 7-1 所列。

表 7-1 产品生命周期的特点

项　目	导入期	成长期	成熟期	衰退期
销售量	低	快速增长	缓慢变化	下降
成本	高	降低	最低并回升	回升
利润	少或亏损	最高	缓慢下降	降低
主要顾客	乐于接受新事物的顾客	市场大众	市场大众	保守的顾客
竞争	较小	加剧	激烈	减弱
生产	逐渐增加	大批量	大批量	减少
促销策略	提高产品认知率	注意培养品牌偏好	加强售后服务	保住忠实顾客
促销成本	费用高	费用较高	费用降低	费用低

课堂讨论

请与周围的小伙伴一起讨论一下：目前市面上有哪些化妆品处于导入期。又有哪些处于成长期、成熟期和衰退期呢。

四、促销的方式

促销的方式主要分为降价促销、赠券促销、赠送免费样品促销、赠品促销等。

扫一扫

促销的方式有哪些

1. 降价促销

降价促销是指化妆品推销员以实际经济利益吸引顾客前来购买的促销方式。这种方式简单直接，可在淡季或换季时为化妆品推销员创造销售业绩。

1）适合降价促销的产品

（1）成熟期产品

成熟期的产品已经被大众广泛接受，并且有明确的价格定位。所以降价促销不仅不会破坏顾客心中对产品的价格定位，还会起到促进销售的作用。

相反，对于导入期的产品来说，如果贸然采取降价促销活动，则很容易降低顾客对产品的价格定位，一旦促销期结束，顾客无法接受产品的正常价格，反而会伤害产品的后续发展。

（2）低关心度产品

关心度是指顾客在购买决策过程中，对产品的识别程度，以及产品与个人的关联程度。低关心度产品的价值一般较低，如香皂、护手霜等。顾客在购买低关心度产品时，一般不会主动地去收集产品信息，也不会花费过多的时间来决策。因此，对于低关心度产品来说，降低价格既可以促进产品销售，又不会给产品形象带来太多负面的影响。

推销员的私房话

低关心度产品的购买决策成本较低，所以顾客容易冲动购买，且不会对产品有太高的忠诚度，更不会受产品信息的影响，而且对他人的产品使用情况不大关心。

2）降价的方式

降价分为直接降价和间接降价两种，如产品 5 折销售就是直接降价，全场购买产品满 500 元减 150 元就是间接降价。如图 7-2 所示为常见的降价促销宣传单。

图 7-2　常见的降价促销宣传单

3）注意事项

化妆品推销员在进行降价促销前，需要根据进货方式的不同，提前与产品厂商或经销商取得联系，并确定对方能否提供足够的帮助。例如，批发买进产品的化妆品店铺需要提前联系厂商，要求对方及时运送产品，保证产品的供应；与厂商合作的化妆品店铺需要就产品价格与厂商进行沟通，询问对方是否愿意提供一定的产品折扣，愿意提供折扣的产品数量有多少。

2. 赠券促销

赠券促销是指化妆品推销员向顾客赠送折价券，使顾客在指定的时间获得优惠价格的促销方式。这种方式操作简单，不受时间限制，在销售活动中十分常见。

1）适合赠券的产品

无论是新产品还是旧产品，使用折价券都可以促进顾客的购买。但是，对于知名度高、市场占有率高的产品来说，其赠券促销的效果要明显优于知名度低的产品。因为，使用折价券的顾客会将产品知名度作为考虑因素，而知名度高的产品无疑更容易获得顾客的青睐。

2）折价券的分发方式

化妆品推销员可以在顾客购买店内产品时，向对方发放折价券，以鼓励对方下次继续购买；也可以在人流量较大的地点，无差别地向路过的顾客分发折价券。

3）注意事项

折价券只有被兑换，才能达到促销的目的。因此需要折价券具有较高的兑换率，以下是影响折价券兑换率的因素。

① 折价券折价金额越高，被使用的概率越高。

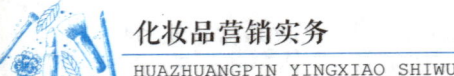

② 折价券赠送对象选择越精确，被使用的概率越高。随原有产品赠送的折价券的兑换率一般是最高的，而定点发放的折价券则会因其精准度不够使得兑换率相对较低。

③ 折价券的设计越吸引人眼球则被使用的概率就越高。

另外，由于化妆品推销员在处理折价券时，会经过确认、换算等步骤，所以会花费比平时更多的时间。而促销活动又会使产品的销售量比平时的产品销售量更多，使得赠券促销活动中难免会出现产品规格错误、产品品类错误、逾期兑换等误兑现象。因此，化妆品推销员在进行赠券促销活动时，需要格外认真仔细，尽量避免误兑的情况发生，以免给顾客留下不好的印象。

赠券促销和降价促销的区别

① 赠券促销的目标对象会在购买产品前就已经做好计划，而降价促销的目标对象则多数是临时起意的。

② 赠券促销是对持有折价券的顾客进行差别对待，并非每位顾客都能够享受到优惠；而降价促销则是无差别地向每位顾客提供优惠。因此，相对而言，赠券促销对品牌形象的负面影响会更小。

3. 赠送免费样品促销

赠送免费样品促销是指化妆品推销员将小规格产品作为样品免费提供给顾客使用，以期对方在试用满意后，产生购买意愿的促销方式。

1）适合活动的产品

赠送免费样品促销并不适用于所有产品，必须配合一定的条件，才能得到最好的效果。

（1）导入期产品

赠送免费样品促销可以激发顾客对新产品的试用，所以这一方法的主要目标对象必然是从未使用过此产品的顾客。而在导入期阶段，产品知名度不高、使用顾客人数少，赠送免费样品促销在这一阶段便显得十分重要。

到了产品生命周期的后期，大众对产品已经有了一定的认识，并且不会轻易改变。对于既有顾客，即使不发放免费试用品，也不会降低其购买意愿；而对于持反感态度的顾客，即使免费赠送产品，也很难改变其既有印象、提高对方的购买意愿。

（2）优点难以展现的产品

化妆品的优点通常是难以通过语言或文字讲述传递给顾客的。借由赠送免费样品促销活动，顾客可以亲身体验使用化妆品所带来的好处，了解产品的优点。

（3）消耗类产品

化妆品属于使用频率高、消耗量大的产品。如果这类产品的试用结果能够令顾客满意，则有很高的概率促使顾客产生购买意愿。

（4）价格低的产品

由于样品都是免费赠送的，所以产品原本的价格越高，促销成本就越高。加上促销收益的不确定性，如果免费样品的价格过高，则会导致促销风险增加。万一利润不能覆盖促销的成本，那在经济收益的考量上，促销就是不成功的。因此，赠送免费样品促销更适合价格低的产品。

推销员的私房话

在采取赠送免费样品促销前，化妆品推销员需要先将货品准备充足。以便在顾客产生购买意愿后，保证有充足的产品供应。

2）样品的分发方式

赠送免费样品主要有人员定点发放和顾客主动索取两种分发方式。

① 人员定点发放。此方式执行快速且方便，但是会有重复发放的情况发生。

② 顾客主动索取。此方式目标对象清晰、试用率高，但是主动前来索取的顾客数量相对较少。

4. 赠品促销

赠品促销是指顾客在购买产品后可以再额外获得一些产品的促销方式。按照取得成本的不同可以将其分为免费式赠品和自购式赠品两种。其中，免费式赠品是指只要顾客购买产品就会免费获得额外的产品，但是产品的价值通常不会太高；自购式赠品是指顾客在购买产品后能以低于市场价的价格购买额外的产品，此类产品的价值通常较高。

1）适合赠送的产品

适合赠送的产品有以下几种。

① 实用性强的产品。赠品必须是确实可用的，如果质量太差、让顾客无法使用，那么赠品就不能很好地刺激顾客购买。

② 与所售产品相关的产品。赠品与产品的相关性越高，则彼此被搭配使用的机会就越高，也就更能产生强化产品印象的综合效益。

③ 价值感高的产品。赠品的价值越高就越能吸引顾客购买。自购式赠品在这方面通常有较大的发挥空间，而出于成本与利润的考量，免费式赠品则无法赠送过于贵重的产品。

④ 新奇的产品。对于顾客来说，不同商家赠送的同类型产品会给人以平平无奇的感觉，产品缺乏新鲜感则不够吸引人。因此，化妆品推销员在选择赠品时，除了要顾及实用性、相关性、价值感外，还要考虑产品的新奇性，以博取目标对象的青睐。

推销员的私房话

赠品赠送可以分为送完为止和至某日截止两种。化妆品推销员需要根据不同情况，合理地预估赠品数量，以免造成库存不足或库存过多。

2）赠品分发的方式

常见的赠品分发方式主要有随包附赠、当场兑换、积分兑换三种。

（1）随包附赠

随包附赠是指产品包装内直接放有赠送的产品，属于免费式赠送。随包附赠是运用较为广泛的赠品方式，如规格较大的套装产品通常会在包装内附赠一些小包装的其他产品。

推销员的私房话

随包附赠有时会增加产品的包装体积，使产品占据更多的存储空间。

（2）当场兑换

当场兑换是指顾客在购买产品后，可以获得免费的赠品或用较低的价格购买其他产品。这种方式更具灵活性，但同时也会增加化妆品推销员的工作量，而且还会有误兑的风险。

（3）积分兑换

积分兑换是指顾客通过购买产品的方式获得相应的积分，并根据个人喜好用积分兑换不同的产品。这种方式在处理上较为琐碎，耗费时间较长，但可以向顾客提供更多种类的赠品，以满足顾客的各类需求，同时还能提高顾客的忠诚度。

课堂讨论

根据以往的购物经验，请与周围的小伙伴讨论一下：你都见过哪些形式的产品促销活动。这些促销活动的产品都是什么。

任务实施——促销方式分析

活动目的

通过课堂活动，让学生全面掌握本任务所学的内容。

活动内容及流程

① 老师将学生分为6组。

② 学生分别挑选要进行促销的产品。

a. 刚刚研发上市的洗面奶。

b. 刚打开产品知名度的粉底液。

c. 被大众广泛熟知的面霜。

d. 逐步被大众遗忘的老牌护手霜。

e. 识别度不高的某品牌香皂。

f. 价值不菲的高档护肤精华。

③ 各小组根据本任务所学内容为所挑选的产品选择合理的促销方式。

④ 各小组派一名代表上台讲述为产品选择的促销方式和选择理由，并回答其他小组同学及老师提出的问题。

⑤ 老师根据各小组讲述的内容进行打分，见表 7-2 所列。

表 7-2 评 分 表

小 组	促销方式选择合理（30 分）	表述流畅（20 分）	回答问题情况（30 分）	提问情况（20 分）	合 计
第 1 小组					
第 2 小组					
第 3 小组					
第 4 小组					
第 5 小组					
第 6 小组					

⑥ 老师将各小组按照最终得分的高低进行排名，并根据情况设置活动奖品。

任务二

制订促销计划

任务目标

知识目标

掌握制订促销计划的步骤。

素质目标

① 具备搜集顾客资料的能力。

② 能够设计出合理、有趣且实用的促销主题。

③ 能够制订完整的促销计划。

④ 具备一定的团队合作意识。

任务引入——新店开业

　　九月的一天，某化妆品专卖店的实习店长小赵为了更好地提高业绩，决定进行一场国庆促销活动。于是，小赵做了如下的准备。

　　① 收集与促销活动相关的产品资料。

　　② 将促销活动的主题定为"化妆品国庆大放送"。

　　③ 根据活动主题，确定促销活动的执行时间和地点，但是还未确定活动的促销方式和促销活动的具体内容。

　　④ 通过分发传单的形式告知广大顾客化妆品专卖店即将进行促销活动。

　　⑤ 为促销活动准备了一定的活动经费，但是没有进行具体分配。

　　⑥ 为促销活动制订了业绩目标。

　　思考：在制订促销计划的过程中，小林的哪些思路是正确的？哪些地方还可以改进？

知识准备

　　一般来说，想要制订一套促销计划，通常会经历资料收集、确定主题、执行方案、媒体宣传、预算分配、效益预估等步骤。

扫一扫

促销活动策划

一、资料搜集

　　化妆品推销员需要在收集一定资料的基础上，制订合适的促销计划。

1. 产业资料的收集

　　处于同一产业中的产品能够满足顾客的同一类需求，化妆品推销员需要对产品所处的产业进行全面的了解。

1) 外在环境

　　外在环境包括社会、文化、经济、政治、法规、科技等内容，化妆品推销员需要明确哪些因素对产品销售有影响，哪些因素对产品销售的影响可以忽略不计。

2) 市场情况

　　化妆品推销员需要了解市场规模、市场变化趋势等内容，从而确定促销活动的规模大小，并在合理的范围内设置促销预算。

3）季节性

季节性是指销售有淡旺季。销售具有明显季节性的产品时，必须考虑时间因素，在合适的季节销售合适的商品，可以帮助化妆品推销员提高销售量，否则就会有因在淡季销售产品而导致促销效果不理想的情况发生。

2. 产品资料的搜集

1）自有产品资料的搜集

（1）经济实力

产品品牌的经济实力决定了产品促销力度和规模，如果品牌经济实力强，则促销经费充足，促销活动周期可以适当延长、促销力度适度加大；反之，则要考虑如何将有限的经费进行合理的分配。

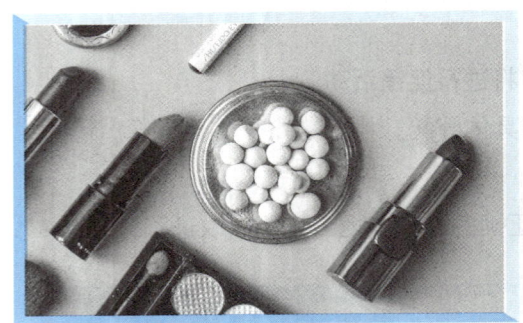

（2）产品特点

产品规格的大小、包装的形状、档次的高低及产品区别于竞争对手的特性都对产品促销计划的制订有着重要的影响。例如，顾客心中高档次的产品不宜进行太过直接、频繁的促销活动，而低档次产品则不会有此顾虑。

（3）产品生命周期

一般而言，导入期的产品需要建立品牌形象，成长期的产品需要提高市场占有率，成熟期的产品需要维持已有市场份额，衰退期的产品需要留住忠实消费者。在不同时期，化妆品推销员需要采取不同的促销策略，否则就会因不合适的促销计划而导致促销结果不理想。

2）竞争产品资料的搜集

化妆品推销员不仅要了解自己要销售的产品，还要对竞争产品有所了解，做到知己知彼，能够针对己方的优点和对方的缺点来制订促销计划，扬长避短地开展促销活动。

3. 顾客资料的搜集

化妆品推销员在制订促销计划时，还需要了解顾客的消费行为、消费习惯、消费心理等内容，针对顾客群体的特点，为其量身订制合适的促销计划。

二、确定主题

在搜集好资料后，化妆品推销员会对产品和顾客有一个具体的了解，从而在顾客和产品的契合点中找出合适的活动主题。设置促销活动主题不仅便于顾客记忆，还可以增加宣传上的收益。促销活动主题的命名要好记、好念、简洁、活泼，并且与活动内容相关，同时还要避免使用过于一般性的名称，如"×××大放送""×××××大抽奖"等。促销活动主题的确定，需要建立在化妆品推销员了解产品、了解顾客的基础上，

针对产品的特点和顾客的需求，用引导性的语言吸引顾客参与活动。例如，可以用"耀眼美丽"作为彩妆化妆品的促销活动主题，将"快乐美丽与你同在"作为美容院的促销活动主题。

拓展阅读

规划系列促销主题

很多化妆品推销员经常为促销活动的主题而头痛，其实化妆品推销员可以提前做好促销规划，一次性设计多个促销主题并在不同时间段举办相应主题的促销活动。促销活动有常规促销、节日促销、主题促销、新店开业促销、店庆促销及针对竞争对手的应对性促销活动等不同类型。在确定要举办的促销活动类型后，化妆品推销员即可进行一系列促销主题规划。

扫一扫

化妆品推销员可以选择进行一系列节日促销活动，并规划在妇女节、七夕情人节、中秋节、元旦等节日举办；而在举办系列节日促销活动的间隙还可以进行店庆促销、以某些热门事件为主题的主题促销等临时短期性活动，从而将未来一年的促销计划排满，并提前为每期促销活动设置一个主题，使这些促销主题相互关联，以此能够更好地吸引顾客注意。

双十一促销活动

节日促销是化妆品推销员举办促销活动最常用的理由，而节日的存在使得顾客有了逛街购物的时间，也会让顾客养成一定的消费习惯。例如，顾客习惯在七夕情人节购买礼物送给爱人。化妆品推销员可以抓住机会，在不同的节日举办相应主题的促销活动，引导顾客进行消费。

需要注意的是，节日只是一个举办促销活动的机会，产品的优惠活动才是真正能够吸引顾客的因素。不同节日下的促销活动主题一定要符合节日特点。

三、执行方案

执行方案需要详尽地描述促销活动的具体执行目的、方法、时间、地点等内容。

1. 执行目的

在确定促销方案前，化妆品推销员需要先明确执行目的，即确定活动所要实现的目的，再根据执行目的设置具体的执行方案。例如，如果执行目的是建立产品的知名度，那么化妆品推销员就需要尽可能地吸引社会大众对产品的注意；而如果执行目的是建立可信度，那么化妆品推销员就需要尽可能地获得社会大众对产品的认可。

2. 执行方法

执行方法应考虑所有活动细节，让执行者明确活动应该怎么去做，至少要包括促销方式、促销活动等内容。

1）根据目标对象选择促销方式

根据目标对象对产品的使用经验、忠诚度、使用量的不同，化妆品推销员可以灵活地选择不同的促销方式。

（1）使用经验

① 如果目标对象没有使用经验，那么促销目标必然为"试用"，可采用赠送免费样品促销、赠品促销等方式。

② 如果目标对象曾经使用过产品，那么又可以将其分为两种情况：一种是使用后对产品不满意者，一种是对过去使用经验遗忘者。前者很难通过促销的方式扭转其看法，但后者却可以通过降价促销、赠券促销等方式，将其吸引回来。

③ 如果目标对象是距离第一次购买产品时间较短的顾客，那么针对这类目标对象的促销目的为短时间内刺激对方重复购买产品，使其产生购买此产品的习惯，可采用降价促销、赠券促销等方式。

④ 如果目标对象是现有顾客，那么促销活动的主要目的就是鼓励对方继续购买产品或增加产品的购买量，可采用降价促销、赠品促销等方式。

（2）忠诚度

忠诚度高的目标对象其购买行为较为稳定，很难经由促销活动改变其购买习惯。而忠诚度低的目标对象则很有可能因为促销而转变其购买习惯，可采用赠送免费样品促销、赠券促销等方式。

（3）使用量

按照使用量的多少可以将顾客分为：重度使用者和轻度使用者。对于重度使用者来说，"买一送一""满三件打七折""满 500 减 150"等量贩式促销会比较有吸引力；而对于轻度使用者来说，积分兑换、购物抽奖等特殊、有创意的促销手法会更有吸引力。

推销员的私房话

有时，促销的目标对象与产品的目标对象可能不同。例如，价格高昂的产品的目标对象一般为高收入顾客群体，而此类产品的促销活动的目标对象大多为中低收入顾客群体。

2）促销活动内容

化妆品促销活动可以有互动小游戏、化妆品知识讲解、现场试用等内容，活动内容应尽量丰富有趣、与活动主题相呼应，尽可能地调动顾客参与的积极性。例如，美容院可以举办美容产品免费试用活动，也可以用免费的美容知识讲座来吸引顾客。

 **案例分享**

"宠爱自己从现在开始"促销活动

小林根据收集到的资料，将"宠爱自己从现在开始"作为"双十一"促销活动主题。为了增加活动的趣味性，小林安排了如下内容。

① 小林决定制作一个大型的产品标志转盘（如图 7-3 所示），凡是购买过产品的顾客都可以转动转盘，获得相应的试用装；或选择向转盘扔掷飞镖，如果飞镖能够射中转盘中心粉色区域，顾客即可获得相应的产品正式装。

② 为了保证活动能够顺利进行，小林提前在印刷店定制了活动道具，并安排人手提前布置会场。

③ 为了更好地了解活动效果，小林特意制作了顾客信息登记表，邀请参与活动的顾客进行登记，方便日后的回访工作，并为下一次的促销活动做准备。

图 7-3　转盘示意图

与小伙伴讨论一下，如果你是小林会如何安排促销活动呢？

3. 执行时间

执行时间是指促销活动的起止时间。化妆品推销员在确定促销方案时，需要确定活动进行的时间，从而方便各部门相互配合及计算活动所要花费的金额。

4. 执行地点

化妆品推销员需要在明确的活动地点来进行促销活动。在一般情况下，促销活动会在化妆品店铺内或化妆品店铺门口进行。

四、媒体宣传

促销活动需要配合一定的宣传，如网络宣传、电视宣传、平面宣传等。为了节约成本，一般会较多地选择派发宣传单作为宣传的主要方式。派发宣传单具有内容大小灵活、成本低、制作周期短等优点；但同时也会有信用度低、无法选择特定目标对象、无法长时间吸引顾客的注意力、不适合高额商品宣传等缺点。

五、预算分配

在确定活动内容和流程的同时，需要对预算进行合理的分配，确定在媒体宣传、产品准备、人员配备上能投入的预算比例，明确促销活动的侧重点。

六、效益预估

在确定好促销内容、流程及预算分配后，需要对活动效益进行适当预估，对活动的规模和效果有一个合理的预期，以便在活动结束后对活动进行总结和评价。

促销计划是促销活动的初步确定，是"事前"的计划，并非不可修正。

任务实施 1——促销主题规划

活动目的

通过课堂活动，让学生全面掌握规划促销主题的方法。

活动内容及流程

1. 前期准备

① 学生自由组队，并自行选择一名小组负责人。

② 小组负责人带领组员共同选择未来一年内要举办的促销活动类别。

2. 活动流程

① 各小组根据选择的促销活动类别规划促销时间及促销主题。

② 各小组派一名代表上台讲述主题规划的内容和设置理由，并回答其他小组同学及老师提出的问题。

③ 老师根据各小组讲述的内容进行打分，见表 7-3 所列。

表 7-3 评 分 表

小组成员：_____

	评分标准	满 分	实际得分	备 注
促销活动规划	促销活动类别丰富	10		
	促销活动选择理由充分	10		
	促销活动顺序合理	10		
	促销活动时间长短合适	10		
	促销活动时间间隔合适	10		
促销主题规划	主题简洁、有趣	20		
	主题之间关联性强	15		
	主题与节日（或事件）相关	15		
总分		100		

④ 老师将各小组按照最终得分的高低进行排名，并根据情况设置活动奖品。

任务实施 2——制订促销计划

活动目的

通过课堂活动，让学生全面掌握制订促销计划的方法。

活动内容及流程

1. 前期准备

① 老师将学生 2~4 人分为一组。

② 老师带领学生共同设定促销产品的背景资料（行业资料、产品资料、顾客资料）。

2. 活动流程

① 各小组根据本任务所学内容制订促销计划。

② 各小组派一名代表上台讲述计划内容，并回答其他小组同学及老师提出的问题。

③ 老师根据各小组讲述的内容进行打分，见表 7-4 所列。

表 7-4 评 分 表

小组成员：				
	评分标准	满 分	实际得分	备 注
促销主题	主题简洁、有趣	15		
执行方案	执行目的明确且合理	15		
	促销方式选择合理	15		
	促销活动内容有趣且合理	15		
	执行时间、地点明确且合理	10		
媒体宣传	媒体宣传高效且花费少	10		
预算分配	预算分配合理且花费少	10		
效益预估	效益预估合理且收益多	10		
总分		100		

④ 老师将各小组按照最终得分的高低进行排名，并根据情况设置活动奖品。

项目学习效果综合测评

一、判断题

1. 促销产生的根本原因是顾客想要更多的优惠。　　　　　　　　　　（　　）
2. 促销可以帮助产品提高知名度。　　　　　　　　　　　　　　　　（　　）
3. 产品生命周期就是产品的使用寿命。　　　　　　　　　　　　　　（　　）
4. 化妆品推销员制订促销计划时，不需要确定促销时间。　　　　　　（　　）
5. 售后服务是产品实现使用价值的重要保证。　　　　　　　　　　　（　　）

二、填空题

1. 促销具有＿＿＿＿＿＿、＿＿＿＿＿＿、＿＿＿＿＿＿、＿＿＿＿＿＿、＿＿＿＿＿＿、＿＿＿＿＿＿、＿＿＿＿＿＿等作用。

2. 产品生命周期可分为＿＿＿＿＿＿、＿＿＿＿＿＿、＿＿＿＿＿＿、＿＿＿＿＿＿四个时期。

3. 促销的方式有＿＿＿＿＿＿、＿＿＿＿＿＿、＿＿＿＿＿＿、＿＿＿＿＿＿等。

4. 制订促销计划前，化妆品推销员需要收集＿＿＿＿＿＿、＿＿＿＿＿＿、＿＿＿＿＿＿三类资料。

5. 制订促销计划可分为＿＿＿＿＿＿、＿＿＿＿＿＿、＿＿＿＿＿＿、＿＿＿＿＿＿、＿＿＿＿＿＿、＿＿＿＿＿＿六个步骤。

三、综合题

寻找愿意接受采访的化妆品推销员，询问对方进行促销活动的时间、频率、内容、活动方式等，并总结成文字，交给老师评阅。

项目八

网络营销与售后服务

随着互联网技术的产生，人们的购物方式发生了极大的改变，化妆品营销也不再局限于某一确定场所，人们可以通过网络随时随地地购买自己想要的化妆品。因此，学习网络营销已成为化妆品推销员上岗前必须学习的内容。

同样地，售后服务能够在化妆品推销员与顾客达成交易后，帮助化妆品推销员进一步提高服务质量，获得顾客好感，为日后的产品续购打下良好的基础。因此，向顾客提供优质的售后服务也是化妆品推销员必须掌握的技能。

任务一

网 络 营 销

任务目标

知识目标

① 了解网络营销的兴起基础。

② 掌握网络营销的特点。

素质目标

① 能有效地开展网络推广活动。

② 具备在网上销售产品的能力。

③ 具备一定的团队合作意识。

任务引入——YSL 的网络推广

法国著名奢侈品牌 YSL（Yves Saint laurent），中文译名圣罗兰，在 2016 年通过一款口红成功打入中国市场，并一度引起抢购热潮，这一切都归功于其成功的网络推广。

在 2016 年圣诞节前夕，YSL 更是制造"叫男朋友送 YSL 星辰""我怀念那个不懂 YSL 的女孩"等话题，联合各大营销号抽奖造势，为 YSL 的营销更添一把火。"口红不贵，但谁送的意义就不同"成为当时 YSL 为消费者量身定做的营销"圈套"，成功地吸引了年轻男女购买星辰系列口红，其产品更是屡次脱销，真正实现了一货难求。

请思考，YSL 品牌采用了什么网络推广手段？YSL 品牌网络推广成功的原因是什么？

知识准备

从化妆品营销的角度来看，网络营销就是化妆品推销员在互联网技术的基础上，借助互联网平台来实现一定营销目的的营销手段，是化妆品营销活动的一部分。

一、网络营销的兴起和特点

1. 网络营销的兴起基础

网络营销的兴起是建立在技术、心理和现实的基础上的。

扫一扫

什么是网络营销

1）技术基础

技术基础是指以互联网技术为代表的信息技术。信息技术的发展为传统化妆品市场带来了极大的变化，它可以有效地缩短化妆品推销员和顾客之间的距离，为顾客购买化妆品带来的前所未有的便利，同时也改变了化妆品市场的竞争手段。

2）心理基础

化妆品市场已由卖方市场转向了买方市场，顾客早已成为市场消费的主导者，顾客心理的变化对化妆品销售有着非常重要的影响。互联网技术的出现使得顾客在选择产品时的心理更为纷繁复杂，呈现出追求个性、主动寻找、追求方便、寻求互动等四类特点。

（1）追求个性

顾客更倾向于购买其内心认同、与其个人特质相同的产品，对于大众化产品的购买欲望不强烈。

（2）主动寻找

互联网的出现使得顾客有了极大的产品选择余地。顾客可以通过互联网随时随地收集到更多的产品信

息，并利用这些信息挑选出符合自己心理预期的产品，将被动接受推荐产品变成主动寻找购买产品。

（3）追求方便

随着人们生活节奏的加快，顾客愿意在购物上投入的时间逐渐减少，对购物方便性的要求也越来越高。利用网络购物可以很好地提高购物效率，缩短购物时间。

网上购物过程

购买前：在各类社交媒体或网络店铺上寻找产品资料，并对收集到的各种同类产品资料进行比较，决定是否购买及购买哪一个。

购买中：不用出家门一步，就可以简单方便地在网上下单，等待产品送达。

购买后：可以随时与商家联系，及时便捷地得到商家的售后服务。

（4）寻求互动

顾客一般会对产品的使用结果有自己的意见和评价，但在门店销售中因受到沟通方式的限制，顾客无法将这些想法及时地传递给销售人员，而互联网技术的发展使得顾客能够与销售人员及时沟通，从而促使顾客主动地寻求与销售人员进行互动。

3）现实基础

随着化妆品市场的竞争日益激烈，化妆品推销员为了获得竞争优势、吸引更多的顾客，不得不寻找变革，以求降低销售成本、缩短经营周期。

2. 网络营销的特点

与传统营销相比，网络营销有以下四个特点。

1）不受时间、地点的限制

网络营销利用互联网工具来开展营销活动，通过实现快速、准确、双向的信息交流，拉近化妆品推销员与顾客之间的距离，使营销双方能够及时地相互沟通或交易。

2）经营规模不受限制

在传统营销中，经营规模会受到场地大小的限制。如果经营场地有限，则化妆品无论在种类还是数量上都会受到一定的限制，而网络营销则可以打破这种限制，使得化妆品无论在种类还是数量上都能够满足化妆品推销员的需要。

3）支付便捷

网络营销有多种支付手段，如支付宝、微信支付等，这些支付手段可以在确保个人信息安全的同时，帮助顾客在网上快速便捷地支付货款。

4）价格更低

一般来说，网上销售的产品价格比门店销售的产品价格低，这是因为网络销售成本低于传统销售成本，且网络使得化妆品推销员在同一时间内能够服务大量顾客，从而提升产品的销售量，实现薄利多销。另外，网上的信息是公开透明且易于获得的，而顾客大多对产品价格比较敏感，因此网络销售的低价格能够吸引到更多的顾客。

推销员的私房话

传统营销理论虽不能完全胜任指导网络营销，但是网络营销仍旧属于市场营销范畴。

二、网络营销的内容

网络营销不仅要求化妆品推销员合理应用传统市场营销理论，还要求化妆品推销员能够结合网络特点来开展网络推广、网络销售等网络营销活动。

1. 网络推广

网络推广是指化妆品推销员通过互联网手段进行的宣传推广等活动。网络推广的载体是互联网，离开了互联网的推广就不能算是网络推广。

1）网络推广的特点

扫一扫

什么是网络推广

与传统推广相比，网络推广具有传播广泛、自主性强、实时可控、内容翔实、有针对性、双向交互、易于统计等特点。

（1）传播广泛

网络推广可以通过互联网把产品信息全天候24小时不间断地传播到世界各地，这是传统推广很难做到的。

（2）自主性强

传统推广如报纸、杂志、广告牌等推广形式都具有很大的强迫性，而网络推广则是开放的、非强迫的，顾客可以凭借自己的喜好有选择地接受推广内容。

（3）实时可控

网络推广的内容可以根据顾客需求快速制作并进行投放，网络推广的前期准备时间较短，推广时间较长，推广成本较低，内容修改较为方便。而传统推广的成本则相对较高，前期准备时间较长，推广时间越久成本越高，而且内容一经发布就很难修改。

（4）内容翔实

受推广手段限制，传统推广只能让顾客简单地了解产品的核心卖点，无法让顾客切实地体会到产品的详细功用和配套服务。而网络推广则不同，只要顾客看到了感兴趣的内容，就可以点开相关链接，了解产品的具体信息。

（5）有针对性

网络推广可以针对某些特定群体，进行一对一定向投放。例如，化妆品推销员在通过微信进行网络推广时，可以根据不同顾客的特点，将其进行分类，并向不同类别的顾客推送不同的推广内容。

（6）双向交互

传统推广的信息流是单向的，只允许化妆品推销员单方面向顾客传递信息，顾客只能被动接受。相比之下，网络推广则突破了这一限制，使化妆品推销员与顾客双方能够进行信息交流，实现双向互动。

例如，通过网络推广，顾客不仅可以得到比传统推广更多、更详尽的产品信息，还可以通过网络直接向化妆品推销员提出自己的意见和看法，而化妆品推销员则可以根据自己的专业知识及时地回复顾客，从而实现双方的互动和交流。

（7）易于统计

在传统推广中，化妆品推销员很难准确地知道有多少人接收到了推广信息。而通过网络推广，化妆品推销员不仅可以清楚地知道有多少顾客接收到了推广信息，还能有机会进一步了解这些顾客的年龄、性别、收入、职业等详细信息，从而更好地分析产品受众，并根据受众特点对网络推广进行相应的改进。

由以上介绍可知，网络推广和传统推广虽然都可以增加产品的曝光度及提高产品形象，但是二者之间存在明显的不同，见表8-1所列。

表8-1　网络推广和传统推广分析对照

分析因素	网络推广	传统推广
时间	可以全天候24小时举行	在某一时间段内举行
地点	不受地点限制	在特定的地点
人力投入	单人就可以操作整个流程	需要多人共同协作完成
物力投入	需要提供相应的产品资料	需要制作宣传物料
资金投入	少	多
受众数量	较多	低于网络推广，与资金投入量相关
受众统计	能够快速方便地统计	无法有效地精确计算
双方互动	能够有效、及时地互动	化妆品推销员单方面信息输出
信息更新	非常及时	更新速度慢
更新成本	较低	较高

2）网络推广的类型

根据推广目的的不同，网络推广可分为产品推广、流量推广、销售推广及会员推广四类。

① 产品推广。这类推广以建立产品形象为主，一般有两个重要任务：一是树立良好的产品形象，提高产品知名度；二是将相应的产品销售出去。

② 流量推广。这类推广以提升流量为主，需要化妆品推销员尽可能地吸引顾客，获得顾客关注。

③ 销售推广。这类推广以增加收入为主，需要与线下或线上的销售活动进行配合。

④ 会员推广。这类推广以增加会员注册量为主，一般会配合有奖注册、注册抽奖等活动进行。

3）微博推广

微博平台是一种基于用户关系的信息分享、传播及获取的广播式社交媒体，它能够以文字、图片、视频等多媒体形式，实现信息的即时分享、传播互动。在微博上，人人都是信息的发布者和传播者，人们不但可以充分地表达自己，让他人了解自己，还能对自己感兴趣的话题进行参与和讨论。

（1）微博平台的特点

① 自主性强。微博信息获取具有很强的自主性，用户可以根据自己的兴趣偏好来选择要浏览的信息内容。无论是话题的选取，还是个人叙事框架的构建方面，用户都可以保持一定的自主性。

② 方便快捷。在微博平台上，用户既可以作为观众浏览自己感兴趣的信息，又可以作为发布者发布文字、图片、视频等信息供别人浏览。这些信息发布方便快捷，且能够在短时间内被大众获取。微博将信息实时地传送给用户的能力几乎超过了绝大多数的社交媒体。

③ 广泛传播。微博能够向用户提供免费浏览服务，且对用户没有过多的限制，用户可以在微博平台上自由地浏览、分享自己感兴趣的信息，从而使信息在微博上被广泛地传播。

推销员的私房话

按内容的不同，人们发布的微博可分为三类：一是以记录个人情感和生活为主的微博，这是目前使用者最多的微博类型；二是记录各种新闻信息的微博，或是对当前发生的热门事件发表意见或观点的微博，这类微博具有很强的时效性；三是以介绍专业知识为主的微博，如对某一领域的知识进行普及、共享与交流的微博。

（2）微博推广策划

① 分析现状

所谓"知己知彼，百战不殆"，在做任何推广方案之前，化妆品推销员都需要先对目标顾客和竞争对手有一个详细的了解。首先，化妆品推销员需要根据产品特点，确定目标顾客群体和竞争对手；然后，对目标顾客群体特点及竞争对手推广方式进行分析，了解竞争对手在吸引顾客方面的优缺点，明确自己的优势所在；最后，结合自己的实际条件，确定现阶段的推广方案。

② 内容策划

内容策划是指化妆品推销员对微博推广的内容及发布内容的形式进行选择和规划。其中，微博推广的内容可以与顾客关注的美容护肤知识相关，也可与当下的热门话题相关；发布内容的形式可以为文字分享、抽奖、投票等。

推销员的私房话

微博推广的影响力不仅与发布者现有关注度有关，还与发布内容质量有关。发布内容的吸引力、新闻性越强，浏览、关注发布者的人就越多，微博推广的影响力就越大。

案例分享

美容店微博推广策划

某新开业的美容店店长小张为了扩大店铺知名度，决定在微博上进行网络推广。为了更好地了解目标顾客群体和竞争对手，小张在微博上进行了相关话题的搜索，如美白套餐、护肤疗程等。经过一番调研后，小张发现许多商家侧重介绍自己店铺内的服务套餐，而忽视了对美容知识的讲解，且他们多采用文字的形式发布推广内容，发布内容多为目的性很强的广告。于是，结合店铺情况，小张做了如下工作。

① 为了引起大家的关注，小张发布了与近期热门话题相关的文字内容，如"还在熬夜吗？教你三分钟美白小妙招"，经过一段时间后，小张的微博积累了一定数量的粉丝。

② 在积累了一定数量的粉丝后，小张发起了转发抽奖活动：凡是转发抽奖微博的粉丝都有机会获得店铺美容卡一张。在奖品的刺激下，小张的微博粉丝量涨了近一倍。

③ 为了进一步扩大影响范围，小张与销售彩妆的化妆品推销员小林达成了合作意向，分别向各自的粉丝介绍对方的产品和服务。

请与小伙伴讨论一下，如果你是小张，你会如何进行微博推广呢。

4）微信推广

与微博平台相似，微信平台也能够以文字、图片、视频等多媒体形式，实现信息的即时分享、传播互动。但与之不同的是，微信平台更专注于为用户提供私密性更好的即时沟通服务。在微信平台上，化妆品推销员可以与顾客进行私下交流而不被他人知道，二者之间具备更高的亲密度，化妆品推销员完全可以向顾客提供一些真正满足对方需求和个性化的推送内容。

（1）微信平台的特点

与微博平台相比，微信平台具有更强的私密性、即时性、互动性、封闭性。

① 私密性。在微信平台上，用户的隐私受到全方位的保护。用户只有在经过对方的同意后，才能成为对方的好友、与对方建立聊天对话、浏览对方的朋友圈等。

② 即时性。通过微信平台，互为好友的用户可以无障碍、即时地找到对方；当用户发布朋友圈状态时，其好友能够第一时间收到提醒，从而了解用户的实时动态。

③ 互动性。微信平台不仅可以让用户即时了解好友的信息与动态，还为用户提供了沟通和交流的渠道，让用户在获得信息的同时给予对方反馈，如朋友圈点赞或评论，从而实现信息的双向传输。

④ 封闭性。微信用户虽然可以根据个人偏好有选择地关注微信公众号，但是却很少有机会接触到其他公众号发布的内容，不像微博用户一样可以自由地接收信息推送、了解热点内容。

（2）微信推广策划

根据推广方式的不同，可以将微信平台上的推广分为公众号推广和朋友圈推广两种。

① 公众号推广

公众号是一个相对封闭的环境，如果没有人关注，即使内容再好，也不会被用户看到。但是，当公众号获得了一定数量的粉丝后，公众号上发布的优质文章就可以通过微信的分享机制被更多的人看到。只要能够写出优质的文章，并有一定的种子用户，公众号就可以实现快速增长。

因此，化妆品推销员需要在建立公众号的前期，通过一定的方式积累粉丝。例如，化妆品推销员可以邀请在店铺内购买产品的顾客关注公众号，通过发放小礼品的方式鼓励新老顾客关注公众号等。

此外，化妆品推销员还需要创作出优质的公众号内容。首先，化妆品推销员需要分析自身优势，确定要向顾客输出哪方面内容；然后，对与自己定位相似的公众号进行市场调研，分析对方公众号内容的主题、目标用户、解决需求、阅读数量、点赞数量等；最后，在市场调研的基础上，确定内容在市场的认可度、粉丝群体。对公众号的定位越精确，公众号越容易被目标用户接受。

 案例分享

公众号发什么？

小梁是某化妆品专卖店的店长，由于店铺位置偏僻，每日来到店里的顾客人数不是很多，所以她决定在微信上建立公众号来推广产品。那么公众号该发些什么呢？

首先，小梁需要确定内容的创作方向。根据目标的不同可以将公众号的内容分为两类：一是符合公众号定位、维系用户黏性的常规内容，如每周一篇美容护肤小常识来培养用户习惯；二是能快速抢占用户注意力的热点内容，如当下流行的影视剧妆容的画法教程。因此，小梁计划设置护肤专栏，定期向用户介绍化妆品知识和护肤技巧，以维系现有用户；在出现热门话题时，从不同角度分析热点，尽可能与美妆、护肤、购物等主题联系起来。

然后，小梁需要确定每期内容的话题、观点、角度、呈现形式等。其中，话题是选定的一个主题，观点是对话题的看法，角度是对待同一件事的不同视角，呈现形式有文字、图片、音频、视频等形式。无论采取哪一种呈现形式，要想创作出能吸引顾客的内容，都需要从以下几个方面入手：

a. 话题应覆盖人群广或者与时下热点相关，大家都可以参与讨论；

b. 观点正向积极，能调动用户情绪，引起用户共鸣；

c. 角度新颖、特别，超出人们的预期。

因此，小梁计划在设置护肤专栏时，尽可能联系当下热点话题，并从多个角度进行探讨，争取在讲解护肤知识的同时，提高创作内容的趣味性和可读性；结合当下时节，如中秋、元旦等，发布店铺相应的促销信息、抽奖信息；"人无我有，人有我优"，从多角度出发，创作立意新颖的内容，从质量上打败竞争对手，吸引更多的用户关注。

请与小伙伴讨论一下，如果你是小梁，你会如何确定微信公众号内容呢。

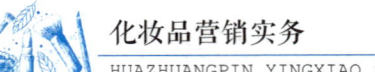
化妆品推销员可以通过粉丝数量、浏览量、评价转发量来判断微信公众号推广的传播效果,另外还可以结合产品销售量的增长计算网络推广的转化率。

推销员的私房话

微信公众号推广不是一成不变的,化妆品推销员作为网络营销的策划者需要时刻关注营销环境的变化,并及时调整、优化推广方案,从而使推广达到预期效果。

② 朋友圈推广

作为一个私密的社交平台,微信的朋友圈功能仅限在好友之间使用。因此,微信朋友圈推广的基础是化妆品推销员与足够多的顾客成为微信好友。

首先,化妆品推销员可以在接待来店顾客时,邀请对方扫码添加好友,并向第一次添加好友的顾客提供新人优惠(如优惠产品或新人小礼品等);然后,在顾客享受过新人优惠后,还可以向其介绍"邀请新人好友,二人同享优惠"的活动,如二人成团产品价格打 8 折、邀请新顾客二人同享返现福利等;最后,在微信好友达到一定数量后,化妆品推销员就可以在朋友圈内不定期地发送产品信息,如产品打折信息、产品销售量信息、产品上新信息等。

 **案例分享**

朋友圈文案策划

为了让更多的顾客及时了解到产品信息,化妆品柜台店员小林决定通过微信朋友圈进行产品推广。在经过前期引流后,小林积累了足够数量的微信好友,于是她在微信朋友圈做了如下的文案策划。

① 作为日常使用的产品,化妆品的功效只有在使用一段时间后才会显现出来。因此,计划不定期向顾客展示产品使用效果,让顾客对产品有一个更直观的认识。

② 除重大节庆日外,店铺还会不定期举办促销活动。计划在举办促销活动的同时,发布朋友圈信息,让顾客及时了解产品优惠。

③ 新产品上架后,会需要一定的曝光量。计划新产品上市时,及时地在朋友圈同步更新产品信息,让顾客了解新产品的功效、价格、优惠活动等内容。

请与小伙伴讨论一下,如果你是小林,你会发布哪些朋友圈推广内容呢。

作为免费的信息发布平台,微信不仅为化妆品推销员提供了免费的广告发布渠道,还为化妆品推销员创造了市场调研的机会。化妆品推销员可以根据顾客的评价内容、转发或点赞次数来了解顾客对发布内容的看法,从而了解顾客的喜好,及时地改进内容,以更好地吸引顾客注意。

5)网络推广的注意事项

① 长久稳定。网络推广不仅可以帮助化妆品推销员提高产品知名度,还可以为化妆品推销员创造与新老顾客交流的机会,帮助化妆品推销员巩固老顾客、吸引更多的新顾客。因此,网络推广是一个长期的

过程，化妆品推销员需要定时、定量、定向地发布内容，让顾客养成观看的习惯。

② 保证质量。网络推广的内容在精不在多，化妆品推销员需要在吸引顾客注意的同时，保证信息的真实性，以免因内容不实而失去顾客信任。

③ 个性鲜明。网络推广不仅要保证内容有趣生动，还要确保具备一定的个性。个性鲜明不仅能让顾客快速记忆，还可以方便顾客搜索寻找，增加顾客的回访量。

2. 网络销售

网络销售是指以互联网为工具进行的产品销售，主要有网上店铺销售和网上聊天群销售两种方式。

1）网上店铺销售

网上店铺销售主要是指化妆品推销员通过在网上平台建立虚拟店铺的方式销售产品。可供化妆品推销员使用的网上平台主要有淘宝、天猫、阿里巴巴、京东、拼多多、微信等，化妆品推销员可根据实际情况自行选择产品销售的网上平台。

（1）网上店铺销售特点

① 便捷。与传统销售模式相比，网上店铺销售不会受到地域限制，化妆品推销员和顾客都可以通过非常便捷的方式来完成原本烦琐的交易活动。

② 安全。网上店铺销售一般会涉及顾客的个人信息安全、财产安全等问题，随着各支付平台技术的进步，网络店铺的安全性得到了很好的保障。

③ 顾客基数大。传统销售模式中的实体店铺一般只能将产品销售给店铺周围的顾客，而网上店铺则可以将产品销售给全国各地甚至国外的顾客。

④ 协调部门多。在传统的销售模式中，化妆品推销员只需与顾客、供应商进行协调；而在网上销售活动中，化妆品推销员还需要与物流公司、网上平台等进行协作。

（2）网上店铺销售的准备工作

① 网店准备。在决定开设网上店铺后，化妆品推销员需要选择用来开设店铺的网上平台，并准备电脑、网络连接装置等硬件设备，及店铺账号、产品简介、产品图片等信息资料。

推销员的私房话

化妆品推销员需要根据产品特点，制作店铺主页。店铺主页应包括店铺标志、产品简介、产品与服务项目、索引等内容，店铺主页设计应遵循简洁、精美、专业化等原则。

② 产品准备。化妆品推销员可以选择从店铺内拿货，也可以选择由供货商直接为网上店铺供货。产品定价最好与实体店铺内的产品定价一致或低于实体店铺定价，邮费需标注清楚。

③ 客流量准备。在店铺开设初期，顾客数量不稳定，为吸引更多的顾客，可以选择适当让利，举办促销活动。

④ 交易准备。为了方便顾客交易，化妆品推销员需要开通各类支付方式，以供顾客选择。目前，应用得比较广泛的支付方式有微信支付、支付宝支付、货到付款、网银支付、银行汇款等，如图 8-1 所示。

图 8-1　网上支付示例

（3）网上店铺销售的注意事项

① 为保障网上交易的安全，化妆品推销员可以采用第三方担保的形式进行产品交易结算，来降低双方的风险。例如，顾客在决定购买后，可以选择在有公信力的第三方进行结算，化妆品推销员在顾客付款后开始发货，并在顾客确定收货后，在第三方平台上收取货款。如果顾客在购买产品后想要退货，只需在第三方平台上进行申请，并在平台的调解下，顾客与化妆品推销员达成一致意见，即可进入退货流程，使双方利益都能够得到保障。如图 8-2 所示为第三方平台退款示意图。

图 8-2　第三方平台退款示意图

② 每个店铺都配有诚信记录，即店铺信用度，所有顾客在选择产品时，都可以查看店铺信用度，以供参考。同时，顾客在购买并使用过产品后，可以评价相应的产品和店铺，从而改变店铺的信用度评分（如图8-3所示）。因此，化妆品推销员需要树立为消费者提供快捷、方便、可靠服务的经营指导思想，并在接到顾客投诉后及时处理，避免自己的信用留下污点。

2）网上聊天群销售

网上聊天群销售是指化妆品推销员通过微信群或QQ群向顾客介绍产品信息，接受顾客产品订单，向顾客销售产品等形式为顾客提供销售服务。网上聊天群的成立一般是建立在顾客自愿、主动参与的基础上，聊天群内的顾客一般是接受过化妆品推销员服务的老顾客，或经老顾客推荐的对产品有一定了解的新顾客。因此，化妆品推销员通过网上聊天群销售产品的主要工作内容有向顾客提供产品信息、提供VIP专属优惠两种。

（1）提供产品信息

提供产品信息是指化妆品推销员通过聊天群及时地向顾客提供产品的优惠活动信息或新产品上市信息，以供顾客参考和选择。由于聊天群内的顾客一般都会对化

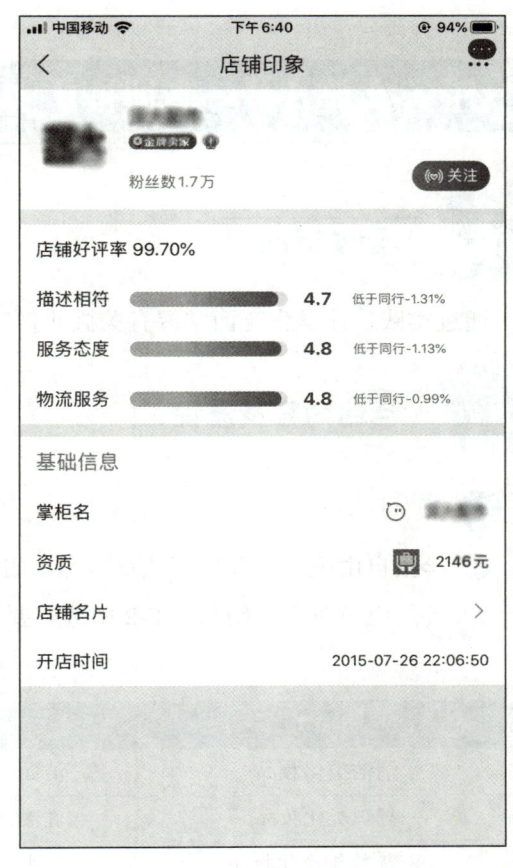

图8-3　店铺信用度评分

妆品推销员有一定的信任，所以化妆品推销员在推荐产品时，应侧重介绍产品的优惠活动及产品区别于其他同类产品的优点，并结合图片、视频等多种形式，让顾客切身感受到产品的核心卖点，从而做出合理的判断。

（2）提供VIP专属优惠

聊天群销售的基础是化妆品推销员与顾客之间的良好关系，为了将这层关系更好地维持下去，化妆品推销员需要向这些顾客提供额外的优惠活动，即VIP专属优惠。

例如，化妆品推销员可以为聊天群内的顾客提供积分兑换活动，凡是购买过产品的顾客都可以在聊天群内获得相应的积分，在积分有效期内可以兑换各类产品。

又如，化妆品推销员可以为聊天群内的顾客不定期发放产品优惠券，仅限群内顾客使用，让群内的顾客在购买产品时，可以享受到比其他顾客更多的优惠。

此外，化妆品推销员还可以在群内不定期发放红包，用一定奖励的形式鼓励顾客积极购买产品。例如，在领取红包的顾客中，手气最佳者到店购物可获免费礼品一份。

任务实施 1——微博推广实践

活动目的

通过实践，让学生全面掌握有关微博推广的知识。

活动内容及流程

1. 前期准备

① 学生自由组队，并自行选择一名小组负责人。

② 各小组负责人分别从表 8-2 中选取要进行微博推广的产品类型。

表 8-2　化妆品举例

类　别	化妆品举例
清洁类化妆品	洁面乳、清洁霜、磨砂膏、去死皮膏、香皂、卸妆油
护理类化妆品	乳液、润肤霜、精华素、护肤水、冷霜、按摩膏、防晒霜、面膜
美容/修饰类化妆品	香水、口红、粉底、腮红、指甲油
特殊用途化妆品	粉刺霜、祛斑霜、止汗露、狐臭露、健美霜

2. 活动流程

① 小组负责人组织组员策划选中产品的微博推广内容。

② 各小组分别派一名代表上台讲述微博推广策划的内容，并回答大家提出的问题。

③ 老师根据表 8-3 给各小组进行打分，并统计各小组总得分。

表 8-3　评　分　表

小组成员：＿＿＿＿＿＿＿＿		满　分	实际得分	备　注
评分标准		满　分	实际得分	备　注
分析现状	正确选定目标顾客群体	15		
	正确分析竞争对手特点	15		
	正确分析自身优势	15		
内容策划	内容主题策划合理	20		
	内容形式策划丰富有趣	20		
	合作对象选择符合实际	15		
总分		100		

④ 老师将各小组按照最终得分的高低进行排名，并根据情况设置活动奖品。

任务实施2——网上销售实践

活动目的

通过实践，让学生全面掌握有关网上销售的知识。

活动内容及流程

1. 前期准备

① 学生自由分成六组，各小组分别选择一名小组负责人。

② 各小组负责人分别从表 8-2 中选取要进行网上销售的产品类型，并与组员确定要采取的网络销售方式。

2. 活动流程

① 小组负责人组织组员策划选中产品的网络销售具体内容。

② 各小组分别派一名代表上台进行讲述，并回答大家提出的问题。

③ 老师根据表 8-4 给各小组进行打分，并统计各小组总得分。

表 8-4 评 分 表

小 组	销售方式选择原因合理（15 分）	销售内容具体且有效（30 分）	回答问题情况（30 分）	提问情况（25 分）	合 计
第 1 小组					
第 2 小组					
第 3 小组					
第 4 小组					
第 5 小组					
第 6 小组					

④ 老师将各小组按照最终得分的高低进行排名，并根据情况设置活动奖品。

任务二

提供售后服务

任务目标

知识目标

① 掌握售后服务的作用。
② 掌握售后服务的内容。

素质目标

① 能向顾客提供合适的售后服务。
② 具备一定的团队合作意识。

任务引入——退货服务

某天，某化妆品专卖店店员小林接待了一位怒气冲冲的顾客。

小林：您好，请问有什么可以为您服务的吗？

顾客将一款粉底液递给小林，很是生气。

顾客：这是在你们店里买的粉底液，才一个月就不能用了！

小林：实在抱歉，让您有不愉快的体验。

小林拿过粉底液，仔细地检查了一番。

小林：请问您平时怎么存放粉底液？

顾客：就放在阳台上了。

小林：粉底液是需要避光保存的，如果保存不当就会提前失效，影响您的使用。

顾客：我才用了一个月就告诉我不能用了，我要退货！

小林：实在抱歉，我们店里规定，没有质量问题是不予以退货的。

顾客：你这不是质量问题吗？

小林：实在抱歉。您保存不当导致的产品失效，是不属于质量问题的。

顾客：你怎么回事？把你经理叫来！

应顾客要求，小林叫来了经理。

经理：不好意思，让您久等了，情况刚刚店员已经跟我说了。实在抱歉，我们店里规定非产品质量问题是不允许退货的。但是您是我们的忠实顾客，我们决定给您特殊待遇，帮您换一瓶，另外我们再额外赠送您一张会员卡，只要您来购物，通通打八八折。您觉得怎么样？

顾客：这还差不多。

经理：我们的工作宗旨就是"顾客至上"，如果有不周到的地方还请您多多包涵。为了便于我们今后工作的改善，能不能请您给我们提一些改善意见呢？

顾客：当然可以。

思考：小林在处理顾客投诉时犯了哪些错误？而经理又是如何妥善地处理顾客投诉的？

知识准备

售后服务是指化妆品推销员在把产品销售给顾客后，为顾客提供的退换货服务或跟进服务。不少经济学家认为，产品价格和质量的竞争是"第一次竞争"，售后服务的竞争则是"第二次竞争"。售后服务作为产品使用价值的一种补救措施，可以为顾客排除后顾之忧，是实现产品使用价值的重要保证。

一、售后服务的作用

化妆品推销员可以通过向顾客提供售后服务，来发挥产品的使用价值，增强产品竞争力，收集顾客反馈信息。

售后服务的重要性及内容

1. 发挥产品的使用价值

化妆品推销员为顾客提供及时、周到、可靠的服务，可以保证顾客所购产品能够正常使用，帮助顾客最大限度地获取产品的使用价值。

2. 增强产品竞争力

我国化妆品市场竞争日益激烈，产品同质化日益严重，优质的售后服务可以有效地帮助产品提高顾客忠诚度，增强产品竞争力。

3. 收集顾客反馈信息

售后服务不仅可以帮助化妆品推销员掌握顾客信息，还可以让化妆品推销员更好地了解顾客对产品的评价和看法，实现收集顾客反馈信息的目的。广泛收集顾客反馈信息，可以帮助化妆品推销员改变销售策略，从而提高产品销售的正确性，减少销售的风险和失误。

无论是对化妆品推销员还是对顾客，售后服务都很重要。化妆品推销员应该认识到，化妆品的售出不是销售的结束，而是占领市场的开始。

课堂讨论

根据以往的购物经验，与周围的小伙伴讨论一下，售后服务可以帮助化妆品推销员获得哪些销售优势？

二、维系顾客

维系顾客是指化妆品推销员维持已经建立的顾客关系，提高顾客忠诚度，使顾客不断重复购买产品的过程，是化妆品营销售后服务最主要的内容。

要想在化妆品市场竞争中取胜，化妆品推销员不仅要争取到更多的新顾客，还要努力保留老顾客。有关研究表明：化妆品推销员争取一个新顾客的成本是保留老顾客成本的 5 倍。一个店铺如果能将其顾客流失率降低 5%，其利润就能增加 25%~85%；如果忽略对老顾客的关注，就会在 5 年内流失一半的顾客。因此，保留老顾客比争取新顾客更为重要。

1. 维系顾客的意义

1）获取更多的顾客份额

高忠诚度顾客会购买更多的产品，其消费额通常是低忠诚度顾客消费额的 2～4 倍。此外，随着高忠诚度顾客年龄的增长、经济收入的提高，其对产品的需求量也会进一步增长。

2）减少销售成本

化妆品推销员吸引新顾客的成本远高于维系老顾客的成本。在化妆品推销员与顾客建立关系的早期，顾客可能会对产品有较多的问题，需要化妆品推销员耗费较多的时间和金钱等成本。但随着化妆品推销员与顾客之间关系的进展，顾客对产品越来越熟悉，化妆品推销员也越来越了解顾客的需求，化妆品推销员在顾客身上花费的成本也会越来越少。

3）进行口碑宣传

对于不了解的产品，新顾客在做选择时，会较为谨慎，会更多地参考购买使用过此产品的老顾客的建议。而具有高忠诚度的顾客会不遗余力地推荐产品，为产品进行积极有效的宣传，这样的宣传往往比其他形式的宣传更为有效。

4）实现自身价值

当拥有相当数量的稳定顾客群时，化品推销员会在顾客的反馈中感受到顾客的善意和肯定，从而体会到自身价值实现所带来的满足感。

推销员的私房话

在实现自身价值的同时，化妆品推销员会自发地向顾客提供更优质的服务，从而进一步提高顾客满意度，形成一个良性循环。

2. 维系顾客的策略

维系顾客的策略包括以下两个方面。

1）价格刺激

价格刺激会使希望得到优惠的顾客与化妆品推销员建立联系。例如，化妆品推销员对老顾客实行返现优惠、节假日优惠等来维系顾客关系。尽管这一方法可以改变顾客选择偏好，但是却很容易被竞争对手所模仿，因此不能为化妆品推销员带来长久的关系优势。

2）社会性联系

化妆品推销员可以通过与顾客建立社会性联系，来了解顾客的具体需求，从而为顾客提供更加个性化的服务。

例如，化妆品推销员可以经常拜访顾客，让顾客感受到来自化妆品推销员的关心。同时，化妆品推销员要尽可能地使拜访行为自然，不要让顾客有被刻意讨好的感受；更不要干扰到顾客的正常生活，给顾客带来额外的负担。

又如，化妆品推销员可以通过书信、电话、网络等方式联系顾客，对顾客进行节假日的问候或与顾客共享一些私人信息。同时，化妆品推销员要注意语言得体、适当。

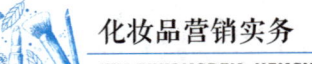
此外，化妆品推销员还可以向顾客提供一些具有特殊意义的小礼品，在加强与顾客联系的同时，利用印有产品相关信息内容的包装为产品做广告宣传。

推销员的私房话

由于化妆品属于特殊消费品，因此化妆品推销员可以通过向顾客讲解美容知识、介绍产品使用方法等方式创造与顾客联系的机会，加强与顾客之间的社会性联系。

 维系顾客的措施

1）让顾客满意

化妆品推销员维系顾客的基础是让顾客满意，如果不能让顾客满意，那么化妆品推销员就无法长期地与顾客保持联系，维系顾客关系也就无从谈起。

 **拓展阅读**

提高顾客满意度的方法

当顾客的需求被满足时，顾客会体验到一种积极的情绪反应，这便是满意。除提供优质的售后服务外，化妆品推销员还可以从以下几点入手，来提高顾客满意度。

① 向顾客提供价格低、品质好的产品。

② 让顾客能够及时地获得正确的产品促销信息。

③ 让顾客在理想的时间、地点购买到产品。

④ 提供高效率、专业化的接待服务。

2）加大顾客转移成本

加大顾客转移成本是化妆品推销员有效防止顾客流失的手段。通过向顾客提供比其他店铺更全面、更优质的产品或向购买过产品的顾客提供附加服务的方式，化妆品推销员可以有效地提高顾客转移成本。例如，向购买产品的顾客提供积分兑换服务，就可以有效地保留顾客。

3）建立顾客信任

化妆品推销员应从长远利益出发，用眼前的小利益换取顾客满意，提高顾客忠诚度，与顾客建立起长期稳定的信任关系。

4）提供一对一服务

在任何情况下，一对一地为顾客提供服务，都会使顾客有被重视的感觉。如果化妆品推销员能够在建立顾客信任的同时，有差别地为不同的顾客提供有针对性的服务，令顾客感受到被化妆品推销员特别对待，就能有效地提高顾客满意度，拉近与顾客之间的关系。

推销员的私房话

不管在哪里，人与人之间建立情感，都是建立信任的基础。化妆品推销员如果能够让顾客感受到特别的关心，那么顾客即使对产品有一定的看法，也不会轻易放弃购买产品。

5）动态管理顾客信息

顾客维系是一个长期的工作，化妆品推销员需要及时采集顾客的有关信息，并对顾客信息进行动态管理。首先，在收集到顾客信息后，化妆品推销员需要对顾客信息进行筛选，并从中找到有利于顾客维系的因素；然后，将有利因素与不同的产品生命周期特点相结合，分析整理出顾客的动态特征和需求；最后，及时地将这些结论作为顾客维系工作决策的依据，有的放矢地制订策略、采取手段，积极主动地开展顾客维系工作。

6）区别营销

区别营销是指化妆品推销员对不同的顾客群采取不同的营销策略。提高顾客满意度、建立顾客忠诚度往往需要化妆品推销员耗费不少的时间和金钱，而盲目地开展工作不仅不能有效地建立顾客忠诚度，还会增加化妆品推销员的负担，使化妆品推销员面临两难的境地。例如，如果化妆品推销员随意地承诺在一定范围内免费为顾客送货上门，经过一段时间后，化妆品推销员可能会难以为继：坚持下去会面临高昂的成本，取消服务则会损害产品信誉。

面对此类情况，化妆品推销员需要对顾客进行合理的分类，用区别营销的方法保证建立顾客忠诚度的工作能够高效地进行。例如，化妆品推销员根据顾客所带来的利润的多少，将其分成高利润、中利润、低利润及无利润四组，而高利润组顾客则是化妆品推销员关注的重点。

课堂讨论

根据以往的购物经验并结合所讲内容，与周围的小伙伴讨论一下，如果你是化妆品推销员会如何维系与顾客之间的关系？

三、妥善处理顾客投诉

顾客投诉是指顾客因对产品不满而提出的书面或口头上的异议、抗议、索赔和要求解决问题等行为。顾客投诉大多数发生在顾客购买产品之后，与产生在顾客购买产品过程中的顾客异议有着本质的区别，一般属于售后服务问题。

1. 正确认识顾客投诉

顾客投诉是每一位化妆品推销员都会遇到的问题，它既是顾客向化妆品推销员表达不满的方式，也是化妆品推销员获得顾客信息的来源，可以为化妆品推销员创造许多机会。因此，化妆品推销员应当正确认识顾客投诉。

1）阻止顾客流失

化妆品市场竞争的实质是化妆品推销员争夺顾客资源。由于种种原因，顾客购买的产品通常会低于顾客预期，令顾客不满，因而不可避免地会有顾客投诉事件发生。这些向化妆品推销员投诉的顾客一方面是要寻求公平的解决方案；另一方面也说明他们并没有对化妆品推销员完全失望，愿意再给化妆品推销员一次机会。

"一位不满意的顾客是一次机遇。"有关研究表明 50%～70%的投诉顾客，如果其投诉能够得到合理的解决，那么他们就会再次购买产品；如果化妆品推销员能够快速地解决顾客投诉，那么这一比例将上升到 92%。因此，妥善处理顾客投诉能够帮助化妆品推销员有效地阻止顾客流失。

2）减少负面影响

不满意的顾客不仅会停止购买产品、转向竞争对手，还会向他人传播不利于产品的信息，给产品带来不利的影响。但是，如果顾客投诉能够得到迅速、圆满的解决，那么顾客的满意度就会大幅度提高，顾客不仅不会散播产品的不利信息，还会鼓励他人选择购买产品。

3）免费的市场信息

投诉也是顾客与化妆品推销员沟通的一种方式，能够为化妆品推销员提供许多有益的信息。顾客投诉一方面有利于化妆品推销员纠正其销售过程中存在的问题；另一方面还可以反映出产品尚不能满足的顾客需求，仔细研究这些需求，还可以帮助化妆品推销员开拓新市场。

4）预警危机

有关研究表明，在不满的顾客群体中，只有不到 5%的顾客会投诉。所以，如果将顾客对产品的不满比喻为冰山，那么顾客投诉的内容仅仅是冰山一角，多数的问题都隐藏在平静的海面之下，当化妆品推销员真正触及所有的问题时，往往为时已晚。

顾客投诉可以帮助化妆品推销员提前发现问题并进行改善，从而避免了更大的危机。例如，化妆品推销员从顾客投诉中发现产品存在严重的质量问题而及时地将产品召回，这一行为虽然表面上损害了短期利益，但是却可以避免更多的产品纠纷。

所以说，化妆品推销员要珍惜顾客的投诉，利用处理顾客投诉的机会来更好地发现问题并解决问题，从而赢得顾客的信任，建立顾客对产品的忠诚，获得产品竞争优势。

课堂讨论

你有过顾客投诉的经历吗？接待你的销售人员态度怎么样？

2. 妥善处理顾客投诉

1）为顾客投诉提供便利

化妆品推销员应该为顾客投诉提供便利，鼓励顾客投诉，从而尽早发现产品的不足并做出改进。

（1）遵守标准

化妆品推销员应牢记店铺的售后服务标准，并严格按照售后服务标准来应对顾客投诉。化妆品推销员在处理投诉时，应清楚地知道顾客购买的产品是否符合标准、是否可以投诉，以及投诉补偿有哪些。

（2）方便投诉

化妆品推销员应尽可能地降低顾客投诉的成本，去除那些使顾客投诉不方便的障碍，减少顾客在投诉上花费的时间和金钱等成本，使顾客投诉变得容易、便捷。

2）处理顾客投诉的主要步骤

（1）接受批评

当接到顾客投诉后，化妆品推销员需要快速反应，及时地安抚顾客、向顾客表达歉意，并对顾客投诉这一行为给予肯定。

① 快速反应

化妆品推销员需要对顾客投诉快速反应：在顾客投诉的第一时间，用自己的话把顾客投诉的内容复述一遍，确认自己正确地理解了顾客的意思；在确认顾客投诉内容后，尽快给出合理的答复，避免顾客因失去耐心而产生更多的意见。

② 安抚和道歉

无论顾客心情如何、态度如何，也不管问题产生的原因是什么，化妆品推销员都需要将平息顾客的怒火放在工作的第一位。化妆品推销员不仅要及时地向顾客表示歉意，缓解顾客的不快，还要让顾客知道化妆品推销员会对顾客的投诉负责到底，化解顾客心中的不安。

③ 赞同顾客

在与顾客进行了一定的交流后，化妆品推销员需要对自己理解的顾客投诉内容发表看法，向顾客表达对顾客投诉这一行为的赞同，并感谢顾客帮助自己或所在店铺及时地发现问题。

（2）如实记录

化妆品推销员在了解顾客投诉意见后，需要将顾客投诉的内容详细地记录下来，包括投诉者、购买产品、投诉原因及诉求等内容。见表 8-5 所列为顾客投诉记录表示例。

表 8-5　顾客投诉记录表示例

顾客		联系方式		订单编号		购买日期	
产品名称		产品规格		产品数量		产品金额	
投诉内容	投诉理由：					经办人意见：	
	顾客诉求：						
	处理结果			处理日期			
	顾客意见			顾客评价（1～10分）			

（3）投诉分析

在详尽地记录下顾客投诉内容后，化妆品推销员需要对顾客投诉内容进行理性的分析，确定顾客投诉的类型、顾客投诉理由是否充分、投诉问题的严重程度、投诉问题产生的原因，以及应对此问题负责的人员或部门。

（4）处理投诉

在对顾客投诉进行合理的分析后，化妆品推销员需要根据顾客的需求，对投诉的顾客进行适当的补偿，包括心理补偿和物质补偿。其中，心理补偿是指化妆品推销员承认确实存在问题，并向顾客表达歉意；物质补偿是指化妆品推销员给予顾客经济赔偿，如调换产品、额外赠送小礼品等。

同时，化妆品推销员还要总结经验、吸取教训，提出相应的改进措施，建立有效的反应机制，提高解决此类投诉的能力，并尽可能减少此类投诉的产生。

（5）回访顾客

在解决顾客投诉后，化妆品推销员需要不时地打电话或上门拜访顾客，了解顾客是否对产品满意。一定要与顾客保持联系，尽量定期拜访他们。

课堂讨论

根据以往的购物经验，说一说你曾经对化妆品进行过哪些投诉，这些投诉都是如何解决的。

任务实施1——维系顾客

活动目的

通过小组讨论活动，帮助学生掌握维系顾客的知识。

活动内容及流程

 前期准备

① 学生3～5人一组自由组队，并自行选择一名小组负责人。

② 老师将项目三任务三任务实施1中收集到的顾客信息整理成册并分发给每组负责人。

2. 活动流程

① 各小组分别从顾客信息册中选择三名要维系顾客关系的对象。

② 小组负责人带领组员复习本任务所学内容，并组织组员讨论维系顾客所要采取的策略和措施。

③ 每个小组派出一名代表讲述讨论结果，并回答大家提出的问题。

④ 老师根据各小组的讲述内容和回答问题情况进行打分，见表8-6所列。

表8-6 评 分 表

评分标准	满 分	实际得分	备 注
积极参与活动	20		
分析正确	40		
讲述流畅	20		
正确解答其他组提出的问题	20		
合计	100		

⑤ 老师将各小组按照最终得分的高低进行排名，并根据情况设置活动奖品。

任务实施 2——处理顾客投诉

活动目的

通过情景模拟游戏，帮助学生掌握妥善处理顾客投诉的知识。

活动内容及流程

1. 前期准备

① 学生 3~5 人一组自行组队。

② 组内学生自行分配顾客和化妆品推销员角色，并设定顾客投诉情景（包括顾客投诉内容、化妆品推销员解决方法等）。

2. 活动流程

① 各小组依次上台向大家展示模拟过程，其他小组成员和老师观看后提出相关问题。

② 在全部小组展示完成后，老师根据各小组的展示内容和回答问题的情况进行打分，见表8-7所列。

表 8-7 评 分 表

评分标准	满 分	实际得分	备 注
积极参与活动	15		
情景设置合理	40		
展示流畅	15		
正确解答其他组提出的问题	30		
合计	100		

③ 老师将各小组按照最终得分的高低进行排名，并根据情况设置活动奖品。

项目学习效果综合测评

一、判断题

1. 以互联网技术为代表的信息技术是网络营销兴起的技术基础。 （   ）
2. 网络营销可以拉近化妆品推销员与顾客之间的距离。 （   ）
3. 微博推广是网络推广的一种。 （   ）
4. 网上店铺销售就是在淘宝平台上销售产品。 （   ）
5. 网上聊天群销售主要针对的是不了解产品的顾客。 （   ）
6. 化妆品推销员可以通过价格刺激来维系顾客。 （   ）
7. 化妆品推销员可以通过加大顾客成本的措施来维系顾客。 （   ）
8. 化妆品推销员需要阻止顾客投诉。 （   ）

二、填空题

1. 网络营销具备_____、_____、_____、
_____等特点。

2. 网络推广具备_____、_____、_____、
_____、_____等特点。

3. 微博推广应注意_____、_____、_____。

4. 微信平台具有_____、_____、_____、_____等特点。

5. 网上店铺销售具有_____、_____、_____等
特点。

6. 售后服务具有_____、_____、_____的作用。

7．维系顾客具有_____、_____、_____、_____的意义。

8．顾客投诉可以帮助化妆品推销员_____、_____、_____及_____。

三、综合题

1．寻找愿意接受采访的化妆品推销员，询问对方曾进行过哪些网络营销活动，活动是如何举行的，活动效果怎么样。总结成文字，并交给老师评阅。

2．选择 1～3 个商场进行实地调研，观察并记录化妆品推销员处理顾客投诉的技巧和步骤，并做成PPT上台讲述。

参 考 文 献

[1] 李金泉，肖玉霞. 化妆品营销 [M]. 北京：高等教育出版社，2017.

[2] 李纲. 化妆品营销知识与技能 [M]. 北京：中国劳动社会保障出版社，2007.

[3] 任学武. 化妆品销售超级口才训练与实战技巧：情景案例版 [M]. 北京：中国铁道出版社，2018.

[4] 谢和书，陈君. 推销实务与技巧 [M]. 3 版. 北京：中国人民大学出版社，2018.

[5] 何平月. 化妆品营销原理与实务 [M]. 北京：化学工业出版社，2015.

[6] 郭全美，丁玉红. 化妆品营销理论与实务 [M]. 广州：广东高等教育出版社，2016.